完全理系専用

スペクトル

看護医療系のための現代文解法テクニック

柳生好之▶著

技術評論社

Spectre

Reading Comprehension for Science and Engineering Majors

はじめに

現代文って何を勉強したらいいの⁉

看護医療系の学部学科では「国語（現代文）」という科目が課されることが多いです。おそらく「将来看護師になりたい」「医療従事者になりたい」という希望を持つ大学受験生は過去問を見て「何⁉こんなに難しい文章読んだことない。どうしよう」と途方にくれるのではないでしょうか。

困り果てて、国語（現代文）が得意な人に「どうやっているのか、どのように勉強しているのか」を聞いてみることもあるでしょう。すると、だいたい次のような答えが返ってきます。

「現代文なんてフィーリングだよ。全く勉強していないもん。まあ、小さい頃から本をたくさん読んでいたから、自分にはセンスがあるんだと思うよ」

この返事を聞いてさらにショックを受けるでしょう。そして次のように思うのではないでしょうか。

「自分はいままでろくに本を読んでこなかった。センスが無いから自分には現代文は無理だ。他の科目は勉強すれば点が取れそうだから、他の科目でなんとかしよう」

しかし、こうなってしまったら受験は失敗します。日本語文を読むということはあらゆる科目の勉強の基本です。

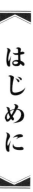

英語も数学も日本語で説明されるので、日本語文の読解力がない人は結局あらゆる科目で伸び悩むのです。

なにか手はないか。

そのような受験生の声にこたえるために本書を執筆しました。

現代文は「テクニック」で攻略できます。

「テクニック」と言うと何やら怪しげなイメージを持つ人もいるかも知れません。しかし、「テクニック」はむしろ勉強の王道なのです。「テクニック」の語源はギリシア語の「テクネ（techne）」です。「テクネ」は「内在する原理を正しく理解した上で何かをする能力」という意味です。

現代文には「文法」「論理」という原理が内在しています。それを理解した上で正しく運用する技術を身につけるというのは、何かを学ぶときの王道なのです。

本書での「テクニック」の学習を通して、「できなかったことが、できるようになる」という学びの楽しさを味わっていただければ、これにまさる喜びはありません。

それは看護医療の現場で必要な「テクニック」を身につける土台ができたということでもあります。

読者のみなさんが色鮮やかな看護医療の現場に旅立つためのお手伝いをします。さあ、偉大な一歩を。

本書の目標

今までセンスやフィーリングだと思っていた現代文を「テクニック」を使って最短で攻略できるようにします。「テクニック」は何度も復習して確実に使いこなせるようにしてください。

【目標レベル】

国公立大

県立看護大学～地方国公立大学志望者

私立大学

中堅私立大学志望者

【対象読者】

今までろくに本を読んでこなかった受験生 ⇒ 文章の「読み方」を教えます。

文章は読めている気がするけど問題に正解できない受験生 ⇒ 習えば誰でも使える「解き方」を教えます。

興味がある看護医療のテーマで読解力を鍛えたいと思っている受験生 ⇒ 最新の看護医療系のテーマの問題を収録しました。

タイトルの「スペクトル」とは？

本書のタイトル「スペクトル（spectrum）」とは、辞書的には「電磁波の強度を順番に並べたもの・広範囲な連続体」などの意味がありますが、この本としては、以下の意味を込めています。

スペクトルの虹色のイメージは、文字の上での無味乾燥な勉強が、医療現場が目の前に広がるような色鮮やかな世界につながることを表しています。

スペクトルの連続体のイメージは、看護医療系の世界では、一見関係がなさそうに見えるテーマでも実は「連続体」であるということを表しています。たとえば、科学的なものの見方ができると同時に、科学では捉えられない心の領域にも踏み込みます。また、身体的なキュアと同時に精神的なケアも行います。

本書の効果的な使い方

本書は10講で構成されています。最短で2週間で本書の内容を終えることができますが、できれば「2回」は繰り返して学習してください。また、学習計画を立てやすいように講ごとに「所要学習時間」をつけてあります。理想的な学習ができるようにしっかり計画を立てましょう。

1回目

↓

「解説」を読むことを中心にする。解けない問題は「解説」を読んで理解する。

2回目

↓

「解くこと」を中心にする。正解までのステップが正しいかどうかを確認する。

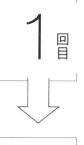

目 次

第2章　設問を解くための解答テクニック

第1章

文章を読むための読解テクニック

《第1講》

一文の意味をとらえるための読解テクニック

所要学習時間 30分

この講を学ぶ意義

「看護医療系のための現代文」で重要なのは「誰が」「何を」「どうする」などの部分を正確に読み取ることです。もし「患者の名前」「薬の名前」「分量」などを読み違えてしまったら、「違う患者に注射をしてしまった」という医療ミスにも繋がりかねません。医師や患者とのコミュニケーションはまさしく「命がけ」なのです。ですから、たかが日本語と侮らずに正確に文を読むためのテクニックを学びましょう。

この講で身につく読解テクニック

- □現代文を正しく読むテクニック
- □長い一文の意味を理解するテクニック
- □問題に正しく答えるテクニック

1-1 正しく読むってどういうことなんですか?

現代文では「正しく読む」必要があるのですが、そもそも「正しく読む」ってどういうことなのでしょう?

このようなことをいうと「日本語の文章なんて日本人なら誰でも読めますよ。だから、読み方よりも解き方を教えてくださいよ」と思う人もいるでしょうね。確かに、皆さんは小さい頃から日本語の文章をたくさん読んでいるでしょう。しかし、**僕たちが普通の本を読むときと、現代文の問題を解くときとでは、全く読み方が違います**。普通に本を読むのであれば想像力を用いてイメージをふくらませるように読むでしょう。しかし、**現代文の問題を解くときは「文章を客観的に読む」必要があります**。

☑ 現代文の問題を解くときは「客観的に読む」必要がある

そうはいっても「客観的に読む」ってどうしたらよいのかわかりませんよね。僕も最初にこの言葉を聞いたときは意味がわかりませんでした。このことをわかってもらうために一つ例題をやってみましょう。

例題1　次の文を読んで後の問に答えよ。

医師が看護師に指示して、患者への注射をさせた。

問　文の内容と一致するものは次の①〜③うちのどれか。最も適当なものを一つ選べ。

① 看護師が患者への注射をさせた。
② 医師が患者への注射をした。

③　看護師が患者への注射をした。

この文を読んだとき、皆さんの頭の中で「患者に注射をした」のは誰になったでしょうか？「医師」が「看護師」に指示をして、「医師」が「看護師」に注射を「させた」のです。ということは注射をしたのは「看護師」です。

正解は③「看護師が注射をした」となります。医師が看護師さんに「この患者さんに注射をしてください」と指示を出して、看護師さんが患者さんに注射をしたのです。このことがわかった人は「正しく」読めています。

他の選択肢を考えてみましょう。

①「看護師が注射をさせた」は「主語」が看護師になっているところが間違いです。**接続助詞「て」でつながっている文は「主語」は98％同じです**。ですから、「医師が注射をさせた」ということになります。

主語　↓**「医師」が主語**

〈医師が〉看護師に指示して、注射をさせた。

②「医師が注射をした」のではなく「医師が注射をさせた」のです。**「せる」「させる」というのは「使役」という意味がある助動詞**です。「使役」とは「他のものに動作をさせる」という意味です。ですから「医師が注射をさせた」という文は「医師が（他のもの＝看護師）に注射をさせた」ということになるのです。

他のものにさせるという「使役」

医師が看護師に指示して、注射を させた。

このように「正しく読む」ためには「文法」というルールに従って「誰（何）が」「誰（何）に」「誰（何）を」「どのように」するのかを捉える必要があるのです。これをテクニックとして身につけて実践で使えるようにしていきましょう。

一文の意味を正しくとらえるためのテクニック

- ☑「主語」「述語」の関係を意識しながら読む
- ☑「修飾・被修飾」の関係を意識しながら読む
- ☑「せる」「させる」という「使役」は「誰が」「誰に」に注意して読む

1-2 文の意味がわからなくなって、何度も読み直してしまいます

実際の入試問題では一文（「。」から「。」まで）が長いので、一読して意味がわからないということもあります。

このような場合は「文の成分」と「文の組み立て」を意識すると良いでしょう。

☑長い一文があるときは「文の成分」と「文の組み立て」を意識する

文の成分には「主部（主語）」「述部（述語）」「修飾部（修飾語）」「接続部（接続語）」「独立部（独立語）」という五種類があります。また、どんなに複雑な文であっても、すべての文はこの五つの成分で組み立てられています。

「この文の主部はなにか」「どの部分がどの部分を説明しているか」を意識しながら読むと、文の意味がつかめます。例題をやってみましょう。

例題2　次の文を読んで後の問に答えよ。

看護師は医師の指示どおりに患者に処置をしたのだが、患者から「いつもの処置と違う」というクレームを言われてしまって、困ってしまった。

問　傍線部「困ってしまった」とあるが、「困った」のは次の①～③うちの誰か。最も適当なものを一つ選べ。

① 看護師
② 医師
③ 患者

少し長い文になりましたが、ちゃんと読めましたか。長い一文でも文の組み立てを明らかにすると文の意味が見えてきます。

主語　修飾部　修飾部　述部
〈看護師は〉［医師の指示どおりに］［患者に］処置した<u>が</u>、
接続部

修飾語　修飾部　述部
［患者から］［「いつもの処置と違う」というクレームを］言われてしまって、
接続部

述部
困ってしまった。

このように「文の組み立て」をとらえることができれば、「主語」は「看護師は」しかありません。ですから、ずっと主語は「看護師」のままだと考えることができます。

正解は①「看護師」となります。

他の選択肢を検討してみましょう。

②「医師」は「指示をした人」なので誤りです。「処置した」のも「言われた」のも「看護師」です。そして「困っ

てしまった」は接続助詞「て」で前の接続部とつながっているので、やはり「困ってしまった」という述部の主語も「看護師」になります。

③「患者から」という修飾語は「言われてしまって」という述部を説明しています。「患者からクレームを言われた」のは「看護師」ですので、やはり「困った」のは「看護師」です。

このように「文の成分」からなる「文の組み立て」をとらえることができれば、文の意味は正しく読むことができます。現代文で求められているのはこのような「文法」にしたがった読解テクニックなのです。

一文の意味を正しくとらえるためのテクニック

☑「文の成分」からなる「文の組み立て」を意識して読む
☑「れる」「られる」という「受け身」は「誰が」「誰に」に注意して読む

1-3 文章は読めたつもりなのに問題に答えられません

正しく読めたとしても、問題に対して正しく答えることができなければ、正解することはできません。たとえば「ガンとはなにか」という問いに対して、「ガンになる原因は、喫煙などの生活習慣です」と答えたとしても正解にはなりません。問いは「ガンとはなにか」というように「ガン」そのものの説明を求めていますが、答えの方は「ガンになる原因」を説明しています。

このように何を問うているのかということを意識して、正しく答えるようにしなければ、現代文の問題で正解することはできません。

問題で聞かれていることに対して答える

こちらも例題を見てみましょう。

例題3　次の文を読んで後の問に答えよ。

がんとは、いくつもの遺伝子変異が積み重なることによって無制限に増殖するようになった細胞のうち、元の臓器を離れても増殖を続けることのできるものを指します。

問　傍線部「がん」とあるが、「がん」が発生する原因はなにか。次の①～③うち最も適当なものを一つ選べ。

① いくつもの遺伝子変異が積み重なること
② 無制限に増殖するようになった細胞
③ 元の臓器を離れても増殖を続けることのできるもの

文の主語は「がんとは」となっており、その後が「がん」の説明になっています。

「がん」とは「無制限に増殖するようになった細胞」の中でも「元の臓器を離れても増殖を続けることのできるもの」のことです。ただし、今回問題で聞かれているのは「がんが発生する原因」です。この点に注意しましょう。

正解は①「いくつもの遺伝子変異が積み重なること」です。「よって」というのは「原因」を表します。他の選択肢は、②も③も「がん」自体の説明の一部になっています。

このように本文に書いてあることを答えたとしても、設問で聞かれていることを答えないと正解にはならないということを覚えておきましょう。

一文の意味を正しくとらえるためのテクニック

- ☑「本文」だけでなく「設問」もしっかり読む
- ☑「よって」は前が「原因」で後ろが「結果」

実践問題1　**次の文章を読んで、後の問いに答えよ。**

2017年　順天堂大学看護医療学部

文章を書く際に、文末をどのように結ぶか、というのは常に大きな悩みの種である。誰でも一度は、書いた文章を少し醒めた目で読み返し、「〜である」がやたらに乱発されているのに気がついて、「何を偉そうに……」という違和感を覚え、気恥ずかしさにいたたまれない思いをした経験があるのではないだろうか。
おそらく原因は文章が未熟だから、ということだけにあるのではないだろう。そこには書き手の判断をどのように、あるいはどこまで打ち出していくかをめぐる、現代日本語の宿命的な困難が潜んでいるように思われるのである。

たとえば「～なのである」「～なのだ」という断定を「～と思われる」「～と考えられる」などに置き換えてみると《気恥ずかしさ》が多少とも減じるような気がするのはなぜなのだろう。自分の見解が一般的な妥当性を持っているかのようによそおうことができて、ひとまず安心するからなのだろうか。あるいはその背後では、主観的な判断と客観的な妥当性との間にいかに折り合いをつけるかをめぐる、ギリギリの駆け引きが展開されているのではあるまいか。おそらくそこで問われているのは、たしかにあるはずの「私」の判断を、あたかもない《かのように》よそおってみせるAしたたかな技術なのである。

古文ならば「なり」「たり」あるいは「候」という定型表現で解決していたはずのこの問題は、近代になってなまじ「言（話し言葉）」と「文（書き言葉）」とを一致させようという改革が始まってしまったために、あたかもパンドラの箱を開けたように、一気に表に吹き出してきてしまった観がある。「～である」を段落の最後の文章だけに使ってみたり、動詞の終止形を織り交ぜてみたり、体言止めを取り入れてみたり、おそらくわれわれは「偉そうに」見えてしまう突出――「私」の判断の露骨な表出――を避けるために、今後もさまざまな試行錯誤を繰り返していくにちがいない。この問題に関してはいまだ大方の合意があるわけではなく、長い歴史で見れば、「言文一致体」はまだ形成過程にある、はなはだ不安定な文体なのである。

問　傍線部「したたかな技術」とあるが、その説明として最も適当なものを、次の①～⑤のうちから一つ選べ。

① 文末表現を「～なのである」「～なのだ」という断定から「～と思われる」「～と考えられる」に置き換えること。

② 文末表現に「～である」をやたらに乱発して「何を偉そうに……」と思われないように最後の文章だけに「～である」を使うこと。

③ 物語を読み手に伝えている叙述主体である「私」の判断を、一般的な妥当性があるようにみせること。

④ 近代になって言文一致体を形成するために古文の「なり」「たり」「候」などにかわって、「～である」という文末表現を生み出したこと。

⑤ 文末に動詞の終止形や体言止めを取り入れることによって、客観的な判断であることを強調すること。

文章解説

まずは文章を読んでいきましょう。第一段落では「文章を書く際に、文末をどのように結ぶか、というのは、」という主部で始まります。**「主部」は「文章のテーマ（主題）」を表しています**。ですから、文章を読むときはまず主部に注意して読むと良いでしょう。そして、「だれでも文末表現をどうするのか悩んだことがありますよね」と筆者は読者に問いかけます。

第二段落では、その「悩み」には「個人的な文章の未熟さ」だけでなく、「書き手の判断をどのように、あるいはどこまで打ち出していくかをめぐる、現代日本語の宿命的な困難が潜んでいる」と述べます。一人の悩みではなく、日本人みんなの悩みなんですよと説明しているのですね。

第三段落ではその具体例が説明されます。「〜なのである」「〜なのだ」という断定を「〜と思われる」「〜と考えられる」と書き換えると、恥ずかしくなくなるという例が説明されます。みなさんも「〜だ」ではなく、「〜だと思います」という文末表現をよく使いますよね。

第四段落は古文の話です。古文では「なり」「たり」「候」という文末表現を使えばよかったのです。それが近代になって「話し言葉」と「書き言葉」を一致させようとしたために、「文末表現をどうするか」という問題が生じたのです。

文章の展開

「文末をどのように結ぶか」という問題

←

「書き手の判断をどのように、あるいはどこまで打ち出していくか」という現代日本語の宿命的な困難

←具体例

・「〜なのである」「〜なのだ」→自分の判断、主観的な判断（自分だけが思っていること）

←書き換える

・「〜と思われる」「〜と考えられる」→一般的、客観的な妥当性（みんなも思っていること）

←古文との比較

古文では「なり」「たり」「候（そうろう）」という文末を使えばよかった。

←近代・現代の日本語

近代になって「話し言葉」と「書き言葉」を一致させようとしたため、このような問題が生じた。

設問解説

ステップ1　問題文の分析

まずは問題文を確認しましょう。問題文は次のようになっています。

傍線部「したたかな技術」とあるが、その説明として最も適当なものを、次の①～⑤のうちから一つ選べ。

これは傍線部の内容を説明する問題で、どこに傍線部の説明があるかがわかれば解答することができます。

ステップ2　傍線部を含む一文の分析

次に傍線部を含む一文を分析してみましょう。

主部
〈おそらくそこで問われているのは〉、
修飾部
「たしかにあるはずの「私」の判断を、あたかもない《かのように》よそおってみせる」

述部

[A]したたかな技術なのである。

修飾部は直後の被修飾部を詳しく説明する働きがあります。ですから、「したたかな技術」を詳しく説明しているのは「たしかにあるはずの『私』の判断を、あたかもない《かのように》よそおってみせる」という部分です。この部分に近い説明を探しましょう。

ステップ3　解答の根拠を探す

たとえば「〜なのである」「〜なのだ」という断定を「〜と思われる」「〜と考えられる」などに置き換えてみると《気恥ずかしさ》が多少とも減じるような気がするのはなぜなのだろう。**自分の見解が一般的な妥当性を持っているかのようによそおうことができて、**ひとまず安心するからなのだろうか。あるいはその背後では、主観的な判断と客観的な妥当性との間にいかに折り合いをつけるかをめぐる、ギリギリの駆け引きが展開されているのではあるまいか。おそらくそこで問われているのは、**たしかにあるはずの「私」の判断を、あたかもない《かのように》よそおってみせる**[A]したたかな技術なのである。

この部分が「修飾部」と同じことを言っているとわかれば、この部分をもとにして正解を選べば良いとわかります。

ステップ4　選択肢を検討する

正解は③「物語を読み手に伝えている叙述主体である「私」の判断を、一般的な妥当性があるようにみせること。」となります。解答の根拠に近いのはこの選択肢です。

他の選択肢を検討してみましょう。①は今回とらえた「よそおうこと」になっていないため、誤りです。②は「最後の文章だけに「～である」を使うこと」、④は「『～である』という文末表現を生み出したこと」が誤りです。傍線部は「～と思われる」「～と考えられる」という文末を使うことについて説明しています。⑤は注意してください。「客観的な判断であることを強調すること」は一見良さそうなのですが、「よそおう」というのが「技術」です。この選択肢には「よそおう」という意味の言葉がありません。ですから、誤りとなります。

第1講のまとめ

「文の成分」からなる「文の組み立て」に注意して読もう

実践問題1　解答　問 ③

第2講

指示語・接続表現をとらえるための読解テクニック

所要学習時間
30分

この講を学ぶ意義

前回は一文そのものを読むテクニックを学びました。今回は文と文をつなぐ言葉に注意して文章を読むテクニックを学びましょう。文と文は「指示語」や「接続表現」でつながっていきます。これらの「つなぐ言葉」を意識して読み書きすることで、文と文からなる文章の展開をつかむことができるようになります。医療の現場では正しく意味が伝わることが重要ですから、これらの言葉の働きを十分に理解した上で、文の意味を考えていくようにしましょう。

この講で身につく読解テクニック

- □指示語の指示内容をとらえるテクニック
- □具体的な説明や具体例をまとめる指示語をとらえるテクニック
- □接続表現に注意して次の展開をとらえるテクニック

2-1 指示語の指示内容はどのようにしてとらえたら良いの？

指示語の指示内容をとらえるときは、いきなり指示内容をとらえようとしてはいけません。**まず「文の組み立て」を意識します**。そして、**後ろでヒントをとらえ、前に指示内容を求めます**。例題をやってみましょう。

例題1　次の文章を読んで、後の問いに答えよ。

まずは一文の構造に注意しましょう。これが現代文を読むために重要なポイントです。

問　傍線部「これ」が指す言葉を、次の①～③の中から一つ選べ。

①　一文の構造　②　現代文　③　ポイント

指示語の指示内容をとらえるときは、まず指示語を含む一文の組み立てを調べましょう。

主語　〈これが〉
述部　現代文を読むために重要なポイントです。

主語の説明は述部にありますから、指示語の指示内容は「現代文を読むために重要なポイント」だなとわかります。そして、前の文を見ると「一文の構造」という指示内容が見つかるのです。正解は①になります。②「現代文」と③「ポイント」は指示語の後ろにあるので、正解にはなりません。

このように指示語の指示内容をとらえていけば良いのです。

指示内容を正しくとらえるためのテクニック

- ☑ 指示語を含む一文の組み立てを調べる
- ☑ 指示語の後ろにあるヒントをとらえる
- ☑ 指示語の前にある指示内容をとらえる

2-2 指示語の指示内容のようなものが二つ見つかったらどうするの？

次はもう少し難しい指示語の問題について考えてみましょう。次の例題を見てください。

例題2 **次の文章を読んで、後の問いに答えよ。**

医師が治療の方針を決定して、看護師は患者に医療行為をする。看護師は患者の命を預かる仕事としてこれを行う。皆に周知していきたいと考えている。

問　「これ」が指す言葉を、次の①〜③の中から一つ選べ。

①　医療行為　②　仕事　③　周知

この問題もまずは指示語を含む一文の組み立てを調べましょう。

主語　**修飾部**　**修飾語**　**述語**

〈看護師は〉［患者の命を預かる仕事として］［これを］行う。

主語に「看護師は」が来て、述語は「行う」となっています。そして、述語「行う」に対して修飾部「患者の命を預かる仕事として」と、修飾語「これを」が来ています。

このような場合は「看護師が行うこと」はなにかなと考えながら、指示内容を探していくことになります。すると、前の文にもどることになり、「看護師が行うこと」は「医療行為」だとわかります。正解は①になります。

②「仕事」は「〜仕事として」という形になっており、「これを」と同じく「行う」を修飾しています。もし「これ」が「仕事」を指しているとすると、二つの修飾部（修飾語）がともに「〜仕事として」「仕事を」となってしまい、内容が重複してしまいます。このように修飾部で全く同じ言葉が繰り返されることはありませんので、②は誤りとなります。③は指示語よりも後ろにあるので、誤りとなります。

このように指示内容をとらえたときは、指示語に指示内容を代入してみて文意が通るか、重複がおこっていないかを確認するようにしましょう。

指示内容を正しくとらえるためのテクニック

☑ 指示内容を指示語に代入して文意が通るかを確認する

2-3 「このような」「このように」といった指示語の指示内容はどこからどこまでなの？

指示語のラストは少し変わった指示語です。「このような」「このように」「こういう」「そのような」「そのように」「そういう」という指示語は「まとめの指示語」といって、前にある具体的な説明や具体例をまとめる働きがあります。ですから、指示内容をとらえるときには幅広く読まなければいけません。

例題3　**次の文章を読んで、後の問いに答えよ。**

現代では新しい感染症がいくつもある。例えば、新型コロナウィルス感染症や新型ブニヤウィルス感染症などがある。このような感染症は治療法が見つかるまでは感染予防を徹底するしか対処方法がない。

問　「このような感染症」が指す言葉を、次の①〜③の中から一つ選べ。

①　新しい感染症　②　新型コロナウィルス感染症　③　新型ブニヤウィルス感染症

まずは指示語を含む文の組み立てを調べてみましょう。

主部　〈このような感染症は〉　**修飾部**　［治療法が見つかるまでは］　**修飾語**　［感染予防を］　**述語**　徹底するしかない。

主部は「このような感染症」となっており、述語は「徹底するしかない」となっています。主部を更に細かく見ていくと、「このような」は「感染症」を修飾しているため、指示内容は「感染症」を説明する言葉だとわかります。

次に指示内容を求めて前を見ると「新型コロナウィルス感染症」「新型ブニヤウィルス感染症」とあります。ただし、「例えば」「など」とあることから、これらは具体例であるとわかります。「このような」は「まとめの指示語」なので、まとめた表現を指していると考えなければいけません。ということで、更に前に遡ると「新しい感染症」とあります。これが「まとめの表現」になりますので、正解は①ということになります。②と③は具体例なので、正解にはなりません。

「新しい感染症」

←**例えば**

・新型コロナウィルス感染症
・新型ブニヤウィルス感染症
←まとめ
「このような感染症」

まとめの指示語の指示内容を正しくとらえるためのテクニック

☑「具体例」だけでなく「まとめ」の部分まで幅広くとらえる
☑具体例の前後にある「まとめの表現」を探す

2-4 接続表現ってどのように文をつなぐの?

接続表現は「語と語」「文と文」「段落と段落」をつなぐ働きをします。医療の現場では文章の意味が正しく伝わらないといけませんから、「わかりやすい文章」を書くことが求められます。そして「わかりやすい文章」を書くためのポイントの一つが「接続表現」なのです。

「接続表現」が正しく使われていると、次にどのような内容の文がくるのかが予想できるようになります。例えば、「だから」がきたら、次に結論がくることがわかりますね。

「わかりやすい文章」を書くためには「接続表現」が正しく使われていることが重要です。それでは例題をやってみましょう。

例題4　**次の各文を読んで、後の問いに答えよ。**

わたしは看護師になりたい。〔①〕看護師国家試験の勉強はしたくない。
わたしは看護師になりたい。〔②〕看護師国家試験の勉強を始めた。
わたしは看護師になりたい。〔③〕多くの人達を支えてあげたい。

問　空欄①②③に入る接続詞を、次の①～③の中からそれぞれ一つ選べ。

①　そして　②　だから　③　しかし

まず「接続詞」で大事なのは「順接・逆接」です。「順接」とは「前の事柄が原因・理由となり、順当に後の結果が出てくる」というつなぎ方です。それに対し、「逆接」とは「前の事柄とは反対の内容の事柄が後に続く」という繋ぎ方です。一番解きやすいのは「逆接」です。〔①〕から見てみましょう。

わたしは看護師になりたい。〔①〕看護師国家試験の勉強はしたくない。

しかし ← **順当に予想される結果とは反対の内容**

「看護師になる」場合、順当に行くと「看護師国家試験の勉強をする」はずなのですが、そうではないということを言っているので、〔①〕には③「しかし」が入ります。
次の「だから」と「そして」は少し難しいです。

わたしは看護師になりたい。〔②〕看護師国家試験の勉強を始めた。

そして　だから ← 順当に予想される結果

わたしは看護師になりたい。〔③〕多くの人達を支えてあげたい。

そして ← あり得る結果

〔②〕は「みんながするであろうこと」が書かれているのに対して、〔③〕は「そう思う人もいるが、そう思わない人もいる」という内容になっています。看護師になりたいからといって、みんなが多くの人たちをささえたいと思っているとは限らないですよね。そのような場合は「順当に起こる結果ではない」ので、②「だから」が使えません。③には①「そして」を入れましょう。〔②〕には①「そして」②「だから」両方とも入ります。「そして」は「前の事柄に後の事柄がつながる」ということを示すだけで、いろいろな使い方ができます。ですから、①「そして」しか使えないところに優先的に入れてください。すると〔②〕には②「だから」が入るとわかります。今回の問題は〔①〕〔③〕〔②〕の順番で解くと、うまく解けます。

接続表現を正しく用いるためのテクニック

☑「前の事柄とは反対の内容の事柄が後に続く」場合は「逆接」を入れる
☑「前の事柄から順当に予想される結果があとに続く」場合は「順接」を入れる
☑「そして」は「いろいろなつなぎ方ができる」ため、「そして」しか使えないところに入れる

では、いよいよ実践問題を解いていきましょう。

実践問題2　**次の文章を読んで、後の問いに答えよ。**

2017年　甲南女子大学看護リハビリテーション学部

選抜[注①]は、動物に対しても植物に対しても行われてきた。選抜が世代を越えて繰り返し行われた結果、集団全体の遺伝的な性質が少しずつ変わってゆく。選抜は、品種改良（育種という）の基本操作のひとつである。育種がいつから始まったかが話題になることがあるが、育種はドメスティケーション[注②]のごく最初の段階からその牽《けん》引者でありつづけてきた。その意味で育種のはじまりは栽培のはじまりにまでさかのぼる。

［a］人間の意図は、当然対象となった動植物にも伝わる。むろんそのなかには、枝を剪《せん》定されて背が低くなったとか、動物ならば柔らかな食物が増えてあごの発達が悪くなったなど、世代を越えては伝わらないものもある。こうした変化は何世代続いたところで遺伝的な性質を変えたりはしない。［b］、ドメ

スティケーションとは、遺伝的な変化をいい、いったん生じればもはや元には戻らない変化である。ドメスティケーションとは、人とそれをとりまく動植物との間に展開するある種のかけひきの進化である。

栽培種とその祖先である野生種とはどこがどう違うのだろうか。とくにその遺伝的な性質、［c］、もって生まれた性質を比べると、何がいえるだろうか。ここでは、穀類を中心に論を進めてみる。

植物の場合、多くの祖先型野生種にはイネであってもムギの仲間であっても、種類を越えて共通の性質がかなりたくさんある。どの作物の祖先型野生種でも、実った種子は母体から簡単に離れるようになっている。この性質を「脱落性」とか「脱粒性」という。日本人にもなじみのあるのが、ススキの穂であろう。秋口のススキの穂は、小さな種子をいっぱいにつけ、逆光に照らされると、その多数の種子の表面に生えた細かな毛がきらきら光ってみえる。しかしその後、熟した種子が風に飛ばされ、穂の軸の部分だけが残される。穂軸には種子にあったような細かな毛がほとんどなく、光に照らされてもあの輝きはない。

このように野生種の種子がすみやかに落ちるのは、成熟した種子がいつまでも母体についたままだと、鳥や小動物による攻撃を受けやすいからといわれている。まとめて食われてしまうからだ。［d］分布の範囲を広げるにも不都合である。野生植物の場合には、できた種子はすみやかに母体を離れるのが都合がよい。いっぽう栽培型では、種子は成熟後も母体にしっかりとついたままである。そのほうが収穫の作業には都合がよいからである。むろん、落ちやすさは品種によっていろいろである。

野生種が共通に持つ性質の二番目のものが、「休眠性」と呼ばれるものである。休眠性とは、成熟した種子が適度の水や温度を与えられても発芽しない性質をいう。野生種の場合、成熟してできたばかりの種子は、仮に適度の水や温度が与えられても発芽しないことが多い。それはたとえば冬作物の場合には、春に成熟した種子が地面に落ちたところで発芽してしまうと、夏に生育しなければならなくなってしまうからである。夏は野生ムギの生育地では暑さに加え、厳しく乾燥するので、麦の生育には適さないのである。休眠性がごく強い植物の場合、あるシーズンにできた種子は、次のシーズンが来ても発芽せず、さらにその次のシーズンまで地中でじっととどまっていることもしばしばある。［e］、何年間地中にとどまることになるかは偶然の要素によるところも相当に大きいようだ。いっぽう、栽培植物の場合には、収穫した種子は次の世代の種子として播《ま》かれるので、いっせいに発芽することが望ましい。栽培型の場合には休眠性を失っているのである。

注①　人間にとって悪いものを排除し、よいものを選び出すということ。

注②　動植物の性質が意識的・無意識的に人間社会が好むように変えられていくということ。

問　［　］a～eに入るものとして最も適当なものを、次の①～⑤のうちから、それぞれ一つずつ選びなさい。なお、同じ番号を二回以上用いてはならない。もし用いた場合には、同じ番号の解答をすべて誤答とする。

①　ただし　②　さらに　③　こうした　④　いっぽう

⑤　つまり

文章解説

まずは文章を読んでいきましょう。第一段落は「選抜」「品種改良＝育種」「ドメスティケーション」について説明されています。順番に並べると次のようになります。世代を超えて「選抜」を繰り返し行った結果、集団全体の遺伝的な性質が少しずつ変わっていきます。それが「品種改良＝育種」です。また、「育種」は動植物の性質が意識的・無意識的に人間社会が好むように変えられていく「ドメスティケーション」でもあります。

第二段落では、「ドメスティケーション」とは遺伝的な変化であり、人と動植物との間に展開するかけひきの進化であることが説明されます。

第三段落では「栽培種」と「野生種」の違いについて「どこがどう違うのか」と問題提起がされます。以下はその「違い」をとらえていくことになります。

第四段落、第五段落では一つ目の違いが説明されます。野生種は「脱落性」「脱粒性」があり、実った種子は母体から簡単に離れるという特徴があります。それに対して、栽培種は種子が成熟後も母体にしっかりとついたままという特徴があります。

第六段落では二つ目の違いが説明されています。野生種は「休眠性」があり、成熟した種子が適度の水や温度を与えられても発芽しないという特徴があります。それに対して、栽培種は「休眠性」がなく、種子が成熟後も母体にしっかりとついたままで、成熟した種子が適度の水や温度を与えられると発芽するという特徴があります。

文章の展開

動植物の性質が意識的・無意識的に人間社会が好むように変えられていった

↓

作り変えられた栽培種と野生種はどう違うのか？

←

違い①

野生種―「脱落性」「脱粒性」がある

　実った種子は母体から簡単に離れる

↔

栽培種―種子は成熟後も母体にしっかりとついたまま

違い②

野生種―「休眠性」がある

　成熟した種子が適度の水や温度を与えられても発芽しない

↔

栽培種―種子は成熟後も母体にしっかりとついたまま

　「休眠性」がない

　成熟した種子が適度の水や温度を与えられると発芽する

設問解説

ステップ1　空所を含む一文の分析

まずは空所を含む一文の構造を確認しましょう。

---

[a]人間の意図は、当然対象となった動植物に[も]伝わる。

[b]、ドメスティケーション[とは]、遺伝的な変化をいい、いったん生じればもはや元には戻らない変化である。

とくにその遺伝的な性質、[c]、もって生まれた性質を比べると、何がいえるだろうか。

[d]分布の範囲を広げるに[も]不都合である。

[e]、何年間地中にとどまることになるかは偶然の要素によるところも相当に大きいようだ。

分析すると、空所の直後が「、（読点）」になっている[b]、[c]、[e]と空所の直後が名詞になっている[a]、[d]に分かれます。

ステップ2　空所に入る言葉を考える

まず、選択肢を見ると③「こうした」は連体修飾語（名詞を詳しく説明する語）なので、直後が名詞になっている［a］か［d］に入ることがわかります。また、「こうした」は「まとめの指示語」ですから、［a］ならば、直前に「人間の意図」が、［d］ならば、直前に「分布の範囲」が書いていなければいけません。すると、［a］の前の第一段落には「選抜」「品種改良」「ドメスティケーション」という人間が意図的に行うものが書かれているので、③「こうした」を入れれば良い事がわかります。［d］の前には「分布の範囲」について書かれていないため、「こうした」という指示語を入れることは出来ません。［d］の後を見ると、「分布の範囲を広げるに［も］不都合である」というように、「も」で「並列」になっています。［d］の正解は「並列」の接続表現である②「さらに」です。

次に解きやすいのは［c］です。前が「その遺伝的な性質、」というように「名詞、」の形になっています。**「名詞、」の場合には「同格」が多い**ので、直後の形を確認してください。すると、直後も「もって生まれた性質」となっています。

「その遺伝的性質」
＝
「もって生まれた性質」

という関係が確認できれば、正解は⑤「つまり」だとわかります。「つまり」は「言い換え、まとめ」というつなぎ方をします。

次は b を考えてみましょう。**文頭の接続表現は前の文とのつながりを示します**。ですから、前の文も一緒に見てください。

こうした変化は何世代続いたところで遺伝的な性質を変えたりはしない。

b 、ドメスティケーションとは、遺伝的な変化をいい、いったん生じればもはや元には戻らない変化である。

前を見ると「遺伝的な性質を変えたりはしない」とあり、後ろを見ると「遺伝的な変化」とあります。「対立関係」になっているので、対立関係を表す接続表現である④「いっぽう」を入れましょう。

最後は e ですが、念の為前後を確認してみましょう。

休眠性がごく強い植物の場合、あるシーズンにできた種子は、次のシーズンが来ても発芽せず、さらにその次のシーズンまで地中でじっととどまっていることもしばしばある。

e 、何年間地中にとどまることになるかは偶然の要素によるところも相当に大きいようだ。

---

e 以下の文は「あるシーズンにできた種子は、次のシーズンが来ても発芽せず、さらにその次のシーズンま

で地中でじっととどまっている」という内容に対して「補足」をしています。ですから、「補足」の接続表現である①「ただし」を入れましょう。

指示語の一覧

①通常の指示語→前に指示内容を求める

「これ」「この」「こう」

「それ」「その」「そう」

②まとめの指示語→前の具体例や具体的な説明をまとめる

「このような」「このように」「こういう」

「そのような」「そのように」「そういう」

接続表現の一覧

①順接の接続表現→前の事柄が原因・理由となり、順当な結果・結論があとに続く

「それで」「だから」「すると」「そこで」「ゆえに」「したがって」「で」「それゆえ」「よって」

②逆接の接続表現→前の事柄と反対の事柄があとに続く

「しかし」「だが」「ところが」「けれども」「でも」「だけど」「が」「とはいえ」「しかるに」「なのに」

③添加・並列の接続表現→前の事柄と後の事柄を並べる

「しかも」「さらに」「そのうえ」「くわえて」「かつ」「および」「ならびに」

④選択の接続表現→前の事柄と後の事柄のどちらか（または両方）選ぶ

「または」「あるいは」「もしくは」「ないしは」

⑤換言・要約の接続表現→前の事柄を言い換えたり、まとめたりする

「つまり」「すなわち」「要するに」「畢竟（ひっきょう）」

⑥理由の接続表現

「なぜなら」「というのは」

⑦補足の接続表現→前の事柄についての反対の内容の説明を付け加える

「もっとも」「ただし」

⑧転換の接続表現→話題を変える

「ところで」「さて」「では」「閑話休題」

第2講のまとめ

文のつながりをとらえるために「指示語」と「接続表現」に注意して読もう

実践問題2　解答

問 a ③　b ④　c ⑤　d ②　e ①

〈第3講〉

筆者の主張をとらえるための読解テクニック

所要学習時間 30分

この講を学ぶ意義

前回は指示語と接続表現について学びました。ある程度の読解テクニックが揃ったところで、今回はいよいよ最も重要な読解テクニックを学びましょう。**現代文において最も重要なことは、「筆者の主張」とその「主張の根拠」をとらえることです。**筆者は読者に何かを伝えたくて文章を書きます。その文章で書かれている各文は、一つの主張を伝えるために筆者が工夫してあの手この手をつかって書き連ねたものです。そのような**主張を伝えるための文章表現の工夫のことを「レトリック（説得術）」と呼びます。**今回は「レトリック」を学ぶことにより、筆者の主張をとらえるためのテクニックを身につけましょう。

この講で身につく読解テクニック

- □ 問題提起をとらえるテクニック
- □ 論証をとらえるテクニック
- □ 具体例をとらえるテクニック
- □ 引用をとらえるテクニック
- □ 譲歩をとらえるテクニック

3-1 疑問文が来たら、その答えが筆者の主張

文章は複数の文でできています。そのなかから「筆者の主張」を表す文をどのようにしてとらえたら良いのでしょうか。「筆者の主張」は「レトリック（説得術）」を見抜くことによってとらえることができます。

まず例題をやってみましょう。

例題1 **次の文を読んで後の問いに答えよ。**

コロナ禍において、私たちが気をつけるべきことは何であろうか。それは常にマスクを着用することである。

問 筆者の主張を次の①〜②の中から一つ選べ。

① コロナ禍において、私たちが気をつけるべきことは何であろうか。

② それは常にマスクを着用することである。

評論文で疑問文が出てきたら、「問題提起」だと考えてください。「問題提起」とはどういうものかというと、「いったん相手に疑問を投げかけておいて、そのあとでこちらが答えを出す」というレトリックです。疑問を投げかけられると、人は「なんだろう?」と考えることになります。そこですかさず答えを与えると、「そうなのか」と思って主張を受け入れるのです。

問題提起
コロナ禍において、私たちが気をつけるべきことは何であろうか。(なんだろう?)
↓
答え
それは常にマスクを着用することである。(そうなのか!)

この場合は「答え」の部分が主張ということになります。正解は②になります。

筆者の主張を正しくとらえるためのテクニック

☑ 問題提起があったら、その答えが筆者の主張となる

3-2 主張に対しては根拠が述べられる

次に「根拠（論証）」のレトリックを見てみましょう。**筆者の主張には「つながらない部分（飛躍）」があります**。例えば、「一日三食は健康に悪い」という主張があったとしましょう。ほとんどの人は「えっ? 一日三食しっかり食べましょうといわれてきたけど?」と思うはずです。**筆者は自分の主張に納得してもらいたいので、根拠を述べることになるのです**。「日本人に多い病気といえば、糖尿病、脳卒中、心臓病、脂質異常症、高血圧、肥

満などの『生活習慣病』が挙げられる。これらの病気の原因は『食べすぎ』である」

このように言われると、「なるほど」と納得しますね。

それでは例題をやってみましょう。

例題2　次の文章を読んで、後の問いに答えよ。

コロナ禍において、私たちが気をつけるべきことは、常にマスクを着用することである。なぜならば、新型コロナウィルス感染症は飛沫により感染するからである。

問　筆者の主張を次の①〜②の中から一つ選べ。

① コロナ禍において、私たちが気をつけるべきことは、常にマスクを着用することである。

② なぜならば、新型コロナウィルス感染症は飛沫により感染するからである。

筆者の主張には「つながらない部分（飛躍）」があります。例えば、「コロナ禍において私たちが気をつけるべきことは、常にマスクを着用することである」という主張があったときに、「コロナ禍」と「マスクの着用」がつながらないという人もいると思います。そのときに、「コロナ禍」と「マスクの着用」をつなげるような説明をすると、人は納得してくれます。

主張
コロナ禍において私たちが気をつけるべきことは、常にマスクを着用することである。（なんでだろう?）
↑
根拠
なぜならば、新型コロナウィルス感染症は飛沫により感染するからである。（そうなのか！）

この場合は「根拠」から導かれる結論が「主張」ということになります。正解は①になります。

筆者の主張を正しくとらえるためのテクニック

- ☑根拠（理由説明）があったら、そこから導かれる結論が筆者の主張となる
- ☑順接の接続表現「だから」「ゆえに」「よって」「したがって」などの前に「根拠」がくる
- ☑理由の接続表現「なぜならば」「というのも」の後に「根拠」がくる

3-3 主張や根拠に対しては具体例が述べられる

さらに、「具体例」のレトリックを見てみましょう。「主張」や「根拠」は人の考え方であり、実際の所どうなのかと思う人もいます。ですから、実際の所を示す「具体例」が挙げられます。

「具体例」の前後に「主張」があります。「具体例」をまるかっこにくくって読むと、「主張」がとらえやすく

なります。

それでは例題をやってみましょう。

例題3　次の文章を読んで、後の問いに答えよ。

コロナ禍において、私たちが気をつけるべきことは何であろうか。それは常にマスクを着用することである。なぜならば、新型コロナウィルス感染症は飛沫により感染するからである。クラスター感染が発生した場所は、例えば飲食店や居酒屋など、主にマスクを外して大声を出すところであった。

以上より、コロナ禍において、私たちは常にマスクを着用するべきである。

問　筆者の主張を次の①～②の中から一つ選べ。

①　クラスター感染が発生した場所は、例えば飲食店や居酒屋など、主にマスクを外して大声を出すところであった。

②　コロナ禍において、私たちは常にマスクを着用するべきである。

文章を読んでいきましょう。文章を読むときはどの文がどのような役割をしているかに注意しながら読んでいくと良いでしょう。

問題提起　コロナ禍において、私たちが気をつけるべきことは何であろうか。（なんだろう？）

↓

答え　**それは常にマスクを着用することである。**（そうなのか。でも、どうして？）

↓

根拠　なぜならば、新型コロナウィルス感染症は飛沫により感染するからである。（本当に？）

↓

具体例　クラスター感染が発生した場所は、例えば飲食店や居酒屋など、主にマスクを外して大声を出すところであった。（本当だったんだ）

↓

主張　以上より、**コロナ禍において、私たちは常にマスクを着用するべきである。**（なるほど！）

このように読むことができれば、筆者の主張も見えてきます。正解は②になります。

筆者の主張を正しくとらえるためのテクニック

- ☑ 具体例はまるかっこにくくって、前後を探すと筆者の主張が見つかる
- ☑ 例示の接続表現「例えば」の後に「具体例」がくる
- ☑ まとめの指示語「このような」「このように」などの後に「まとめ」がくる

3-4 引用はその後の説明が重要

筆者は自分の文章の中にあえて他人の文章を持ってくることがあります。このようなレトリックを「引用」といいます。「引用」は筆者の主張とおなじであったり、筆者の主張と反対であったり、筆者の主張の「根拠」や「具体例」であったりと、様々な役割があります。

例題をやってみましょう。

例題4　次の文章を読んで、後の問いに答えよ。

日本人では、40才代から80才代までのすべての年齢で、がんが死亡原因の第1位です。しかも、日本ではこれらの年齢の人の数がどんどんふえています。そのため、がんになる人も、がんで亡くなる人も、ふえ続けているのです。

厚生労働省「平成19年人口動態調査」

このように「がん」は日本人の死亡原因の中でも上位に位置しています。「自分には関係はない」と思わないで、「がん」を予防する生活習慣を身につけることが重要です。

問　筆者の主張を次の①～②の中から一つ選べ。

① がんになる人も、がんで亡くなる人も、ふえ続けているのです。
② 「がん」を予防する生活習慣を身につけることが重要です。

「引用」がでてきたら、その後の文でどのように説明しているのかをとらえましょう。

引用
日本人では、40才代から80才代までのすべての年齢で、がんが死亡原因の第1位です。しかも、日本ではこれらの年齢の人の数がどんどんふえています。そのため、がんになる人も、がんで亡くなる人も、ふえ続けているのです。

厚生労働省「平成19年人口動態調査」

↓

主張
このように「がん」は日本人の死亡原因の中でも上位に位置しています。「自分には関係はない」と思わないで、「がん」を予防する生活習慣を身につけることが重要です。

今回の場合は「引用」が「根拠」になっており、その後に筆者の主張がきています。正解は②になります。

筆者の主張を正しくとらえるためのテクニック

☑引用は「主張と同じ」「主張と反対」「根拠」「具体例」など様々な働きをする
☑引用はその後に続く「筆者の説明」をとらえて働きを考える

3-5 譲歩はいったん相手の意見を認めて、自分の主張にひっくり返す

筆者は自分の文章の中にあえて自分とは反対の意見を入れてきます。一体どうしてでしょうか。それは反対の意見もあることを認めた上で、それでも自分の意見を主張するほうが説得力が高まるからなのです。反対の意見を持っている読者たちも、いったん自分たちの意見を認められた上で主張を展開されると、「筆者の主張のほうがいいのかな」と思ってしまうのです。

例題をやってみましょう。

例題5 **次の文章を読んで、後の問いに答えよ。**

がんの治療では「外科手術」だけでなく、抗がん剤などを用いた「薬物療法」が行われている。確かに、「薬

物療法」は切る必要はないので、「外科手術」よりも負担が少ない治療法に思える。しかし、「薬物療法」には副作用もあるので、がんの状態によって「外科手術」と「薬物療法」を使い分けたり、組み合わせたりする必要がある。

問　筆者の主張を次の①〜②の中から一つ選べ。

①「薬物療法」は切る必要はないので、「外科手術」よりも負担が少ない治療法に思える。

②がんの状態によって「外科手術」と「薬物療法」を使い分けたり、組み合わせたりする必要がある。

「確かに」「もちろん」「なるほど」「むろん」という言葉が出てきたら、「譲歩」なのではないかと考えてください。その後に**「しかし」「だが」「けれど」などの逆接の接続表現が出てきたら、その後が筆者の主張**だと考えましょう。

譲歩

譲歩の合図　**反対意見の根拠**　**反対意見**

確かに、「薬物療法」は切る必要はないので、「外科手術」よりも負担が少ない治療法に思える。

↓

主張

主張への転換の合図　**主張の根拠**　**筆者の主張**

しかし、「薬物療法」には副作用もあるので、がんの状態によって「外科手術」と「薬物療法」を使い分けたり、組み合わせたりする必要がある。

「譲歩」というテクニックを知っていたら、簡単に筆者の主張をとらえることができますね。正解は②です。

筆者の主張を正しくとらえるためのテクニック

☑「たしかに」「もちろん」「なるほど」「むろん」の後は「譲歩」

☑「しかし」などの逆接の接続表現で筆者の主張に転換する

実践問題3　次の文章を読んで、後の問いに答えよ。

2020年　共立女子大学看護学部

「医療倫理」と聞いて、多くの人々がまず思い出すのは「ヒポクラテスの誓い」だろう。この「誓い」(注)が、ヒポクラテス自身の手になるものかどうかについては、今日、大いに疑問とされているが、ヒポクラテス、もしくはその後継者たちが提示した医師の倫理、とりわけそこで明示された、患者に不利益をもたらしてはならないとの原則は、それが二〇〇〇年以上も前のものであるとはいえ、現代にも受け継がれている。周知のように、世界医師会のジュネーブ宣言（一九四八年）は、当時、明らかとなったナチスの医療犯罪（人体実験、安楽死計画など）に直面しつつ、この「誓い」をあらためて医療倫理の基盤にすえた。

ヒポクラテスの誓いは、生命尊重主義をその根幹に据えている。しかし、これは当時のギリシアでは「反

――時代的」とも言うべき特異な主張だった。たとえば「誓い」は、今日で言う積極的安楽死を禁じているが（＝「致死薬は誰に頼まれても決して投与しない」）、これは当時のギリシアの習慣から大きく外れるものだった。ギリシア人の多くは、治癒不能な身体的苦痛や、大きな精神的苦痛ゆえに、ある人にとって生きることが耐えがたいものとなったとき、その人が自ら命を絶つのは非難すべきことだとは思っておらず、〔　a　〕名誉あることだと思っていた。死を決意した者に、死に必要な毒を与える医師も、〔　b　〕何かタブーを犯しているとは思われなかった。しかし、この風習に対して、ヒポクラテス学派はそれに連なることを拒んだのである。

しかし他方で、「誓い」に見られる生命尊重主義を過大評価するならば、それは大きな誤りである。〔　c　〕、ヒポクラテス自身は別の場所で、こう述べているからである。「医術とは何かについて、わたしの考えている定義を述べよう。医術とはおよそ病人から病患を除去し、病患からその苦痛を減じることである。そして病患に征服されてしまった人に治癒を施すことは、医術のおよばぬところと知って、これを企てることを断わることである」。

〔　d　〕、医術が医術であるためには、不治の病人、死が間近な病人を見捨てろと言っているのである。「誓い」はなるほど積極的安楽死を禁じているが、〔　e　〕、それは今日で言う消極的な安楽死（＝延命処置の中止）を認めている、いや医師の義務としていると言うべきなのである。

注　ヒポクラテス――古代ギリシアの医師。

問　〔　a　〕～〔　e　〕に入る語を、それぞれ次の中から選んで、番号をマークしなさい。

① しかし　② というのも　③ したがって
④ つまり　⑤ むしろ

文章解説

まずは文章を読んでいきましょう。

第一段落では「ヒポクラテスの誓い」について説明されています。「ヒポクラテスの誓い」は「医師の倫理、とりわけ患者に不利益をもたらしてはならないという原則」が述べられており、現代でも医療倫理の基盤になっていると述べられます。

第二段落では「ヒポクラテスの誓いは生命尊重主義を根幹に据えている」と説明されます。しかし、それは当時のギリシアではあまり一般的ではない主張でした。

第三段落では「しかし他方では」と主張の方向を転換し、「『誓い』に見られる生命尊重主義を過大評価するならば、それは誤りである」と述べられます。そして、その根拠としてヒポクラテスの発言が引用されます。

第四段落では「引用」を受けて、「医術が医術であるためには、不治の病人、死が間近な病人を見捨てろと言っているのである」という主張が展開されます。

文章の展開

「ヒポクラテスの誓い」→「医師の倫理、とりわけ患者に不利益をもたらしてはならないという原則」

↓現代でも医療倫理の基盤

「ヒポクラテスの誓い」は当時のギリシアでは特異な主張だった

←具体例

（「ヒポクラテスの誓い」は積極的安楽死を禁じている

×

当時のギリシアでは積極的安楽死は認められていた）

×しかし他方で

「誓い」に見られる生命尊重主義を過大評価するならば、それは誤りである

←根拠

（ヒポクラテスの発言を引用）

←説明

医術が医術であるためには、不治の病人、死が間近な病人を見捨てろと言っているのである

譲歩

「ヒポクラテスの誓い」はなるほど積極的安楽死を禁じている

×

主張

「ヒポクラテスの誓い」は消極的安楽死を医師の義務としている

設問解説

〔 a 〕

ステップ1 空所を含む一文の分析

まずは空所を含む一文の構造を確認しましょう。

ギリシア人の多くは、治癒不能な身体的苦痛や、大きな精神的苦痛ゆえに、ある人にとって生きることが耐えがたいものとなったとき、その人が自ら命を絶つのは**非難すべきことだ**とは思っておらず、〔 a 〕**名誉あることだ**と思っていた。

ステップ2 選択肢の検討

空所の前に打ち消しの助動詞「ず」がありますね。「非難すべきこと」と「名誉あること」というのが反対の内容になっています。この場合は「むしろ」を入れましょう。正解は⑤の「むしろ」になります。逆接の「しかし」を入れると前後の内容が逆になるため、「非難すべきことだとは思っていない。しかし、非難すべきこと」となってしまうので、誤りです。

前の内容と後ろの内容が反対になるカタチ

- ☑ AではなくBである
- ☑ Aではなく（よりも）、むしろBである
- ☑ Aのようで、実はBである

〔 b 〕

ステップ1 空所を含む一文の分析

空所を含む一文の構造を確認しましょう。

主部 死を決意した者に、死に必要な毒を与える医師も、〔 b 〕**述部** 何かタブーを犯しているとは思われなかった。

ステップ2 選択肢の検討

主部を見てみると「死を決意した者に、死に必要な毒を与える医師も」というように副助詞の「も」が使われています。**「も」は同類の一つという意味で用いられます**。つまり、前の文の「ある人（死を決意した人）」と同

じように、「死に必要な毒を与える医師」も「非難すべきことをしているとは思っていなかった」ということになります。前から順当に出てくる結論なので、正解は③「したがって」となります。

副助詞の「も」
☑ 前の内容と「同類の一つ」であることを表す

〔c〕

ステップ1　空所を含む一文の分析

空所を含む一文の構造を確認しましょう。

しかし他方で、「誓い」に見られる生命尊重主義を過大評価するならば、それは大きな誤りである。

主部　述部

〔c〕、ヒポクラテス自身は別の場所で、こう述べているからである。

ステップ2　選択肢の検討

空所を含む一文では、文末が「〜からである」となっています。これは前の文に対する「根拠（理由説明）」だということを表します。ですから、正解は②「というのも」となります。

理由の接続表現の文末

☑「なぜならば」「というのも」という接続表現が使われている文の文末は「〜からである」となる

〔　d　〕

ステップ1　空所を含む一文の分析

空所の前後の文を確認しましょう。

引用

「医術とは何かについて、わたしの考えている定義を述べよう。医術とはおよそ病人から病患を除去し、病患からその苦痛を減じることである。そして病患に征服されてしまった人に治癒を施すことは、医術のおよばぬところと知って、これを企てることを断わることである」。

←
筆者の説明
〔　d　〕、医術が医術であるためには、不治の病人、死が間近な病人を見捨てろと言っているのである。

ステップ2　**選択肢の検討**

空所の前が「引用」で、空所の後が「筆者の説明」になっています。同じ内容になっていますから、正解は④「つまり」となります。

〔　e　〕

ステップ1　**空所を含む一文の分析**

空所を含む一文を確認しましょう。

「誓い」はなるほど積極的安楽死を禁じているが、
×
〔　e　〕、それは今日で言う消極的な安楽死（＝延命処置の中止）を認めている、いや医師の義務としていると言うべきなのである。

ステップ2　選択肢の検討

空所の前が「なるほど」というカタチで反対意見を認めているので、「譲歩」のレトリックが使われていることが見抜けます。正解は①「しかし」となります。

レトリックの一覧

①問題提起
○「疑問文」→◎「答え」

②論証
○「根拠」→◎「結論」

③具体例・エピソード・比喩
◎「主張」→△（「具体例」）→◎「まとめ」

④引用
△（「引用」）→◎「筆者の説明」

⑤譲歩
△（「譲歩」）→◎「筆者の主張」

情報の重要度

◎超重要
○重要
△重要でない

第3講のまとめ

筆者の主張をとらえるために「問題提起」「根拠」「具体例」「引用」に注意して読もう

実践問題3　解答

問　a ⑤　b ③　c ②　d ④　e ①

第4講

差異と類似をとらえるための読解テクニック

所要学習時間 30分

この講を学ぶ意義

現代文の筆者は皆さんに色々なことをわかってもらおうと思って、様々な文章を書きます。皆さんは今まで知らなかったことやわからなかったことをなんとかしてわかろうというように考えて文章を読みます。筆者はわかってもらうための説明として、「似ているものと比較する」ということを行います。そして、二つ、あるいは三つのものを比較して違いを明らかにしたり、似ている点を確認したりして、説明していきます。それは「わかる」ことは「分ける」ことから始まるからなのです。

この講で身につく読解テクニック

- □二分類の差異をとらえるテクニック
- □三分類以上の差異をとらえるテクニック
- □類似をとらえるテクニック

初めて見るものをわかろうとするとき、まずは似ているものと比較して、「どこがどう違うのか」を明らかにします。

たとえば、「フットサル」というスポーツがあります。初めて聞く人も多いのではないでしょうか。この「フットサル」というスポーツをわかろうとするときには、似ているスポーツである「サッカー」と比較して違いを明らかにします。「サッカー」は十一人対十一人で試合をするのに対し、「フットサル」は五人対五人で試合をします。また、「サッカー」は一度交代した選手はもう試合に戻れないのに対し、「フットサル」は一度交代した選手でも試合にもどることができます。このように説明されると「フットサル」というスポーツのことが段々わかってきますよね。

このように筆者は読者に物事を伝えるために、比較をして違いを明らかにするのです。違いを整理するときは次のような「ベン図」をイメージすると良いでしょう。

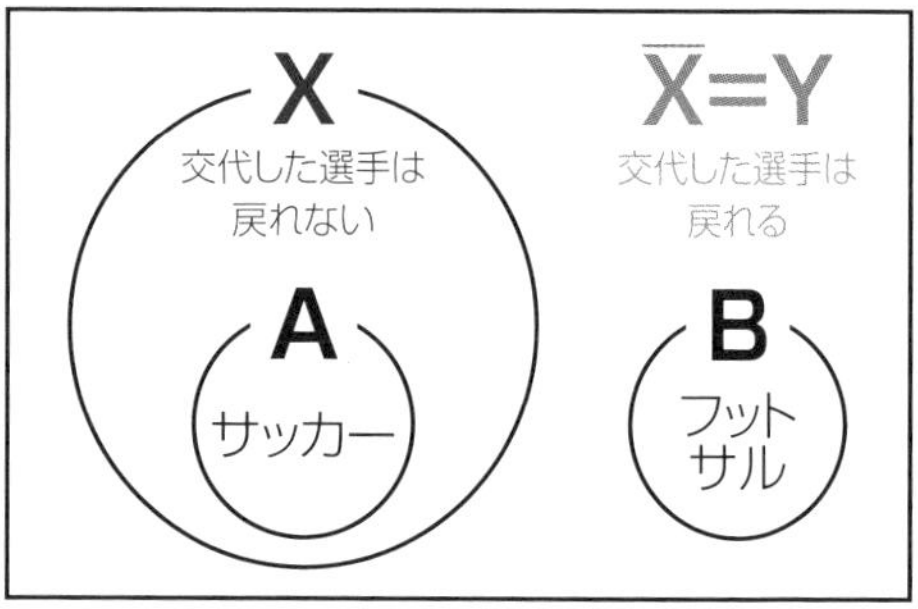

それでは例題をやってみましょう。

例題1　次の文章を読んで、後の問いに答えよ。

新型コロナは潜伏期間が長く、一部は無症状のまま治癒する。ただし、無症状の時期にも強い感染力がある。インフルエンザは症状が出てから感染のピークを迎えるのに対し、新型コロナは症状のない状態でも、多くの人にうつしている可能性が高い。

問 傍線部「新型コロナ」とあるが、その特徴を次の①〜②の中から一つ選べ。

① 症状が出てから感染のピークを迎える。

② 症状のない状態でも、多くの人にうつしている可能性が高い。

「違い」を説明するカタチは「AはXであるのに対し、BはYである」というものです。

文章を整理すると

差異

インフルエンザは症状が出てから感染のピークを迎える

×のに対し

新型コロナは症状のない状態でも、多くの人にうつしている可能性が高い

というように整理することができますね。図にまとめると次のようになります。

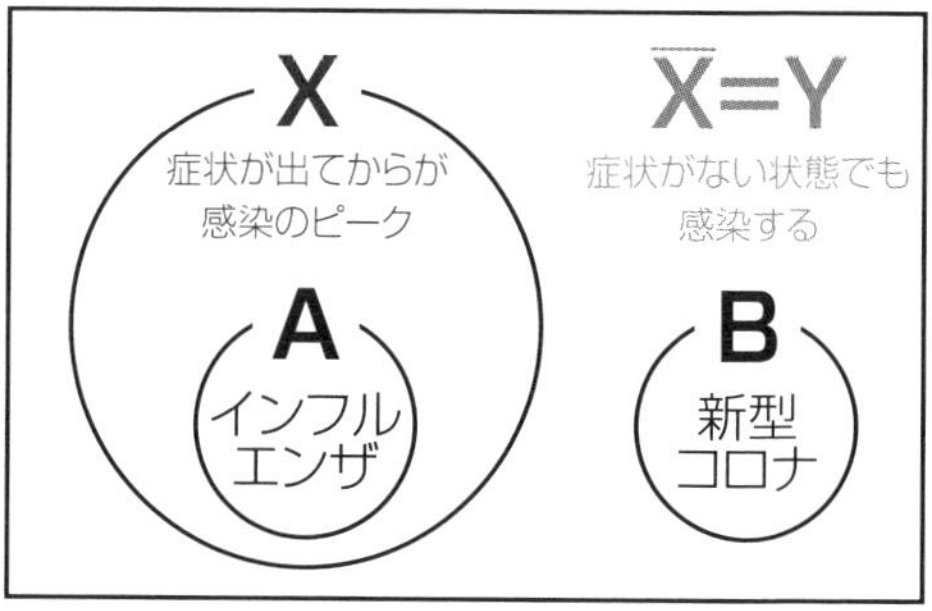

以上より正解は②になります。①はインフルエンザの説明なので誤りです。

違いを正しくとらえるためのテクニック

- ☑「AはXであるのに対し、BはYである」というカタチに注意する
- ☑XグループとYグループに正しく分類する

4-2 三者の違いをとらえる

次は三つのものの違いを整理するテクニックを学びましょう。

例えば、「サッカー」と「フットサル」と「ラグビー」の違いを説明するとしましょう。「サッカー」と「フットサル」は手でボールを扱えませんが、「ラグビー」は手でボールを扱えます。また、「サッカー」と「ラグビー」は一度交代した選手は試合に戻れませんが、「フットサル」は一度交代した選手でも試合にもどることができます。

この三者の「違い」を図にまとめると次のようになります。

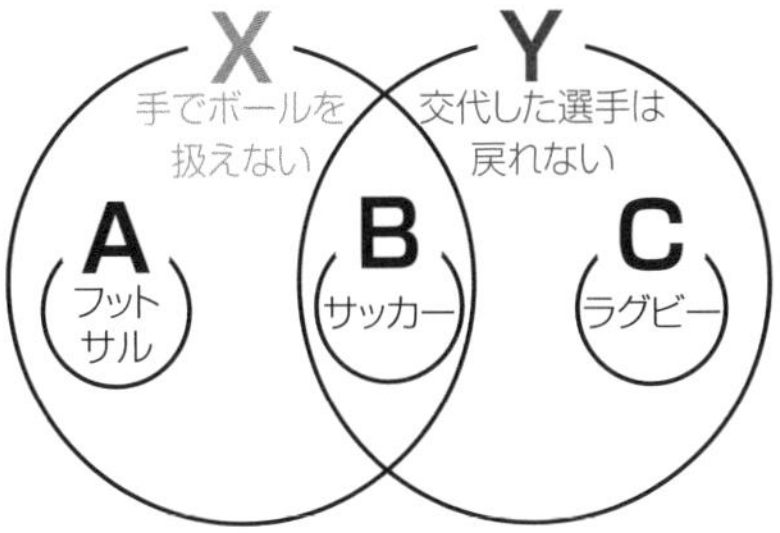

三つのものを整理するときは、「XかつY」のゾーンができると考えてください。

それでは例題をやってみましょう。

例題2　次の文章を読んで、後の問いに答えよ。

「病気（sickness）」とは何であろうか。似たような言葉に「病い（illness）」と「疾病（disease）」があるが、どのように異なるのであろうか。

「病い」はふつうの人たちが理解し、感じている病気の概念や経験のことである。「病い」への対処は社会や家族が定義する「癒やし（healing）」である。一方、「疾病」とは医療の専門家――とくに医師ないしは彼／彼女らが依拠する生物医学（biomedicine）――が定義する病者への診断のことである。「疾病」への対処は近代医療によって説明できる「治療（curing）」である。

「病気」は「病い」だけでなく「疾病」を患っている状態であり、対処の仕方としては「癒やし」と「治療」の療法が必要である。

問　傍線部「病気（sickness）」とあるが、その説明として最も適当なものを次の①～②の中から一つ選べ。

① ふつうの人たちが理解し、感じている病気の概念や経験のこと。

② 医療の専門家や生物医学が定義する病者への診断のこと。

③ ふつうの人たちの経験と医療の専門家の説明が一致している状態のこと。

今回は「病気」「病い」「疾病」という三者の違いをとらえる問題でした。文章では次のように説明されています。

差異

「病い」はX＝ふつうの人たちが理解し、感じている病気の概念や経験のことである。

「疾病」はY＝医療の専門家が定義する病者への診断のことである。

「病気」はXかつY＝「病い」だけでなく「疾病」を患っている状態のことである。

このような「差異」は次のように図に整理すると、スッキリすると思います。

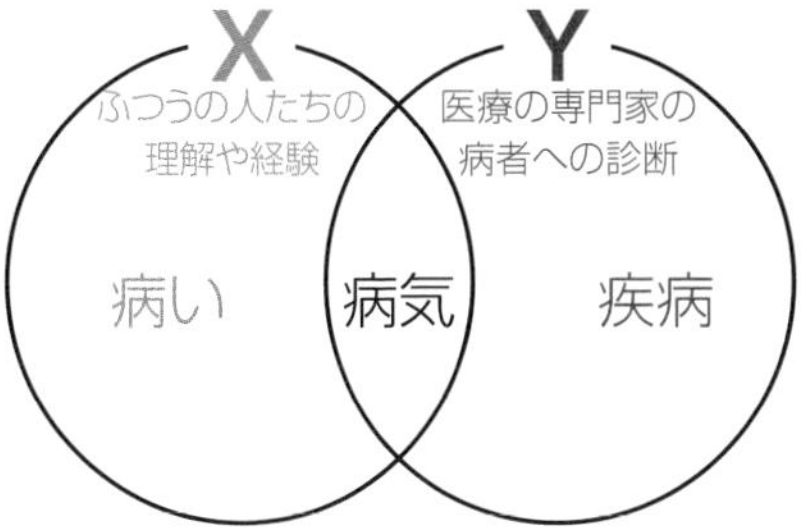

このように整理すると「病い」と「疾病」と「病気」の違いがわかりますね。正解は③となります。①は「病い」、②は「疾病」です。

三者の違いを正しくとらえるためのテクニック

☑二つのグループの重なりをとらえる
☑「Xのみ」「Yのみ」「XかつY」の三つのゾーンで分類する

4-3　類似をとらえる

「差異」をとらえることは皆さんよく意識するようですが、「類似」に関してはあまり意識しないようです。二つのものの似ている点にも注目して読んでみてください。

例題3　次の文章を読んで、後の問いに答えよ。

痛風は症状として関節痛が現れる。リウマチもまた症状として［1］が現れる。

問　空欄に当てはまる語句を、次の①～②の中から一つ選べ。

① 関節痛
② 熱感

空所を含む一文を分析すると「も」という副助詞が見つかります。「も」は同類の一つという用法なので、「痛風」と「リウマチ」が同じグループに入るとわかります。

類似
痛風は症状として関節痛が現れる。
同類の一つ
リウマチ**もまた**症状として［1］が現れる。

図にまとめると次のようになります。

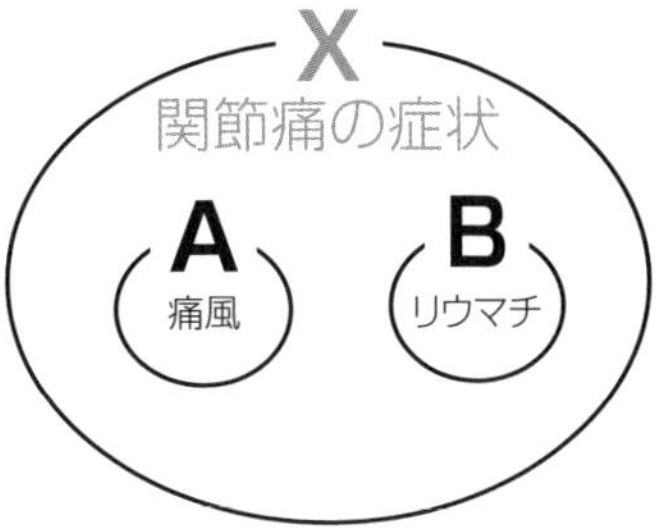

同じ類＝グループの中に入っていて似ているので「類似」といいます。正解は①となります。

類似を正しくとらえるためのテクニック

☑二者の似ている点に注意する
☑「も」という副助詞「同類の一つ」に注意する

実践問題4　**次の文章を読んで、後の問いに答えよ。**

2016年　愛媛大学看護学部

みなさんは、人生でさまざまな人に出会う機会を持っています。でも、その機会を十分に生かすことができるとは限りません。ある人はその出会いを生かして自分の新しい可能性を切り拓いていきますが、別の人は出会いを生かせずにただその場限りのものとして過ぎていきます。①この違いはどこからくるのでしょうか？

その大きな違いは、そこで意味のある対話を行えるかどうか、というところにあるのです。対話とは、自分とは何らかの意味で異なる人とのあいだに成立する人間的な交流です。その交流から何かを得て、自分のその後の人生に生かすことができれば、あなたの人生はその対話により飛躍していくことができます。他人との対話は、場合によっては自分の人生観を変えてしまうことすらあるのです。それは、自分にとっての大きな人格的成長の機会でもありえます。

中　略

「対話」とよく似ているけれども異なるものに「会話」があります。会話の中には、雑談もあります。日本人ももちろん、これまで日常的に会話をしてきました。

しかし、先述したように島国で異なった世界観や価値観と接することが少なかったという要因もあり、より深い対話を行う機会が少なかったのです。

辞書を見ると、「会話」は「少人数で向かいあって話すこと」、「対話」は「きちんと向きあって話すこと」(『角川必携国語辞典』)としている場合もあり、日常語では同じような意味で使われることも多いのです。でも、あえて「対話」という言葉を使う場合には、会話とは違う何かがあるからこの言葉を使う場合も少なくはありません。本書では、この相違点に注目してこの2つの言葉を使い分けていきたいと思います。

では、対話と会話はどう違うのでしょうか。「会話」とは、「複数の人が互いに話すこと」(「デジタル大辞泉」)というように、複数ないし多数の人のあいだで行われるものです。この複数・多数の人々のあいだでは、価値観や考え方が同じ場合もありますが、違う場合もあります。

この相違をつきつめていくと、意見の違いが人格的な対立になりかねないので、会話においてはその相違をあえて議論はせずに、円滑な人間関係を作ったり保つことがしばしば行われます。ですから、会話においては、それぞれの異なった考え方がつきあわされて相互に深まることはなく、各自が異なった考え方を持ったままで人間関係を続けていくのです。

会話も、社会で生きていくためには必要なものです。②人間関係を円滑にしていくためには会話を上手にしていくことが必要ですから、「会話術」の本もあります。ただ、そこにおける人間関係やそのコミュニケーションは浅いものであることが多いのです。

また、会話は暇な時間を埋めるために行われることも多く、その場合は「雑談」ということになります。

これに対して、対話においては、おたがいの考え方の相違を回避せずに、それについて正面から話しあい、おたがいの考えを深めることを目的にしています。ですから、考え方や立場が似ている場合にも対話は行われますが、これが異なっている場合にも行われます。

中略

対話は「対」という言葉が用いられているように、自分とは別の誰かと対になって行われます。いわば、対面して向きあっているわけで、これを「対向性」と表現することもできます。

中略

なぜ向きあうことが重要かと言うと、自分と、自分とは異なる他者とが相対《あいたい》して、その相手との関係を通じて双方が理解や思考を深めるという、③対話の中心的な要素がここに存在するからです。ですから、対話では「向き合う」「相対する」ということが大事です。本気で対話するときは、腰を落ち着かせ、相手の顔や目を正面から見て、意識をしっかりと相手に向けて応対することが必要なのです。

問一　傍線部①について、文中の言葉を用いて50字程度で説明しなさい。

問二　傍線部②と同様の意味の記述を、文中から抜粋しなさい。

問三　傍線部③について、文中の言葉を用いて20字程度で説明しなさい。

文章解説

第一段落では、「出会い」を生かして自分の新しい可能性を切り拓く人と、「出会い」を生かせずにただその場限りのものとしてしまう人の違いが述べられます。

第二段落では、その違いが生じるのは「意味のある対話」が行われるかどうかだと説明されます。

第三段落では、もちろん日本人は「会話」をしてきたと譲歩します。

第四段落では、「しかし」と転換し「対話」を行う機会は少なかったと主張されます。

第五段落では、「会話」と「対話」は似ているけれども、違いがあると説明されます。「類似」から始まっても、逆接の接続表現でつながると「差異」になるということは覚えておきましょう。

第六段落～第九段落では「会話」が説明されます。「会話」とは「複数人で話すことであり、人々の相違をあえて議論はせずに、人間関係を円滑に続けていく」ものです。

第十段落～第十二段落では「対話」が説明されます。「対話」とは「自分とは異なる他者と相対してその相手との関係を通じて双方が理解や思考を深める」ものです。

文章の展開

「出会い」を生かして自分の新しい可能性を切り拓く人と、「出会い」を生かせずにただその場限りのものとしてしまう人の違い

↑ 原因

その違いが生じるのは「意味のある対話」が行われるかどうかだ

← **譲歩**

もちろん、日本人は「会話」をしてきた

×**しかし**

主張

日本人は「対話」を行う機会は少なかった

← **類似**

「会話」と「対話」は「人と話すこと」という点で意味は似ている

×**でも**

差異

「会話」は「複数人で話すことであり、人々の相違をあえて議論はせずに、人間関係を円滑に続けていく」

×**それに対し**

「対話」は「自分とは異なる他者と相対してその相手との関係を通じて双方が理解や思考を深める」

設問解説

問一

ステップ1　傍線部を含む一文の分析

まずは傍線部を含む一文の構造を確認しましょう。

指示語

①この違いはどこからくるのでしょうか？

傍線部に指示語がありますので、直前に解答の根拠を求めます。

ステップ2　解答の根拠を探す

ある人はその出会いを生かして自分の新しい可能性を切り拓いていきますが、別の人は出会いを生かせずにただその場限りのものとして過ぎていきます。

①この違いはどこからくるのでしょうか？

「ある人」と「別の人」の違いだとわかれば解答できますね。

ステップ3　記述解答を書く

正解は「出会いの機会を生かして自分の新しい可能性を切り拓くか、出会いを生かさずその場限りとするかの違い。」となります。

問二

ステップ1　傍線部を含む一文の分析

まずは傍線部を含む一文の構造を確認しましょう。

ただ②、〈そこにおける人間関係やそのコミュニケーションは浅いものであることが〉多いのです。

指示語　　**主部**　**述部**

傍線部は「そこにおける人間関係やそのコミュニケーションは浅いものであることが」という主部に対する説明として、「多いのです」という述部になっています。主部の中を見ると「そこにおける人間関係やそのコミュニケーションは」の説明として「浅いものである」がありますね。

さらに、傍線部には指示語がありますので、直前に解答の根拠を求めます。

ステップ2　解答の根拠を探す

この相違をつきつめていくと、意見の違いが人格的な対立になりかねないので、会話においてはその相違をあえて議論はせずに、円滑な人間関係を作ったり保つことがしばしば行われます。ですから、**会話においては、それぞれの異なった考え方がつきあわされて相互に深まることはなく、各自が異なった考え方を持ったままで人間関係を続けていくのです。**

会話も、社会で生きていくためには必要なものです。人間関係を円滑にしていくためには会話を上手にしていくことが必要ですから、「会話術」の本もあります。ただ、②そこにおける人間関係やそのコミュニケーションは浅いものであることが多いのです。

傍線部の指示語は「会話」を指しています。また、「会話における人間関係やコミュニケーション」の説明を探すと、「会話においては、それぞれの異なった考え方がつきあわされて相互に深まることはなく、各自が異なった考え方を持ったままで人間関係を続けていくのです」が見つかります。「浅い」＝「深まることはなく」という部分が同じだとわかれば正解できますね。

ステップ3　記述解答を書く

正解は「会話においては、それぞれの異なった考え方がつきあわされて相互に深まることはなく、各自が異なった考え方を持ったままで人間関係を続けていくのです」となります。傍線部と対応するように「そこにおける」＝「会話においては」〜「のです」までを抜き出すようにしてください。

問三

ステップ1　傍線部を含む一文の分析

まずは傍線部を含む一文の構造を確認しましょう。

なぜ向きあうことが重要かと言うと、

〈「自分と、自分とは異なる他者とが相対して、その相手との関係を通じて双方が理解や思考を深めるという」、③対話の中心的な要素が〉**主部**

ここに存在するからです。**述部**

傍線部は主部であり、修飾部が傍線部に係っています。ですから、傍線部の説明は直前の修飾部にあると考えてください。

ステップ2　記述解答を書く

正解は「関係を通じて双方が理解や思考を深めること。」となります。

差異と類似の一覧

①差異

AはXであるのに対し、BはYである。

のと異なり、

のと違い、

②重なりを含む差異

AはXのみであるのに対し、BはXかつYである。

のと異なり、

のと違い、

③類似（共通点）

AもBもともにXである。

AとBはXであるという点で似ている。

同じである。

第4講のまとめ

知らないことを「わかる」ために「違う点」と「似ている点」に注意して読もう

実践問題4 解答

問一 出会いの機会を生かして自分の新しい可能性を切り拓くか、出会いを生かさずその場限りとするかの違い。

問二 会話においては、それぞれの異なった考え方がつきあわされて相互に深まることはなく、各自が異なった考え方を持ったままで人間関係を続けていくのです

問三 関係を通じて双方が理解や思考を深めること。

第5講

因果関係をとらえるための読解テクニック

所要学習時間 60分

この講を学ぶ意義

看護医療の現場では、さまざまな病める人々が訪れます。医療者はそのような人々の病気を特定し、原因を取り除くことによって癒す必要があります。そのときに重要なのが、「因果関係」をとらえる力です。ところが、何が「原因」で何が「結果」なのかはわからないことも多いのです。ですから、看護医療系の仕事に従事する人には「因果関係」を考え続けることが求められるのです。

この講で身につく読解テクニック

- □接続表現で因果関係をとらえるテクニック
- □結果・結論をとらえるテクニック

5-1 接続表現で「因果関係」をとらえる

文章を読むときには、あることがらの「因果関係」をとらえるということが重要になります。そのときに注意したいのは「順接」「理由」を表す接続表現です。例えば、「A。だから、B」と書かれていれば、Bの「原因・

「理由」はAだとわかります。また、「A。なぜならば、Bだからだ」と書かれていれば、Aの「原因・理由」はBだとわかります。

このように「順接」「理由」を表す接続表現に注意して読んでいけば、「因果関係」をとらえることができます。

それでは例題をやってみましょう。

例題1　次の文章を読んで、後の問いに答えよ。

Aさんはタバコをよく吸っていた。だから、肺がんになった。したがって、肺がんになりたくなければ、タバコを吸わないようにしよう。

問　傍線部「肺がんになった」とあるが、その原因を次の①〜②の中から一つ選べ。

①　タバコをよく吸っていたから。

②　タバコを吸わないようにしていたから。

傍線部を含む一文を見ると「だから」という「順接」の接続表現が使われています。この場合は「だから」の前が「原因・理由」、後ろが「結果・結論」です。ですから、前に「原因」があると考えましょう。

正解は①です。②は傍線部の後ろに書かれています。後ろの文は「順接」の接続表現である「したがって」でつながっています。この場合も前が「原因・理由」、後ろが「結果・結論」ですから、後ろには「原因」はないと考えましょう。

因果関係を正しくとらえるためのテクニック

☑「順接」「理由」の接続表現に注意する
☑「順接」の接続表現は前が「原因・理由」で、後ろが「結果・結論」
☑「理由」の接続表現は前が「結果・結論」で、後ろが「原因理由」

5-2 「因果関係」を表す表現に注意して読む

次は「因果関係」を表す表現に注意して、文章の内容を整理する方法を学びましょう。

例えば、「ある条件によっては、学校に登校することはできません。熱が37度以上あったので、K助は学校に登校できなかった」という文があったときに、「ある条件」は何でしょうか。

ここで「AよってB」「AのでB」という「因果関係」を表す表現に注意してください。Bの部分は「登校できない」という内容になっています。ですから、Aの部分も同じなのではないかと考えることができます。すると、「ある条件」とは「熱が37度以上ある時」だとわかりますね。

このように「因果関係」を表す表現に注意して読むと、文章の内容がよくわかるようになります。

それでは例題をやってみましょう。

例題2 **次の文章を読んで、後の問いに答えよ。**

ストレスをためると病気になりやすいと言われる。これは本当だろうか。

人間の体は恒常性を保っている。恒常性とはあらゆる環境の変化に対応して、体を一定の状態に保つことである。たとえば、暑いときは汗をかいて体温を下げ、寒いときはからだが震えて体温を上げるが、これも恒常性のひとつである。このような恒常性によって、人は体を健康に保っている。

だから、この恒常性が乱されると、病気になりやすい体になるのである。

問 傍線部「恒常性が乱される」とあるが、「恒常性を乱すもの」は文中の言葉でいうとなにか。文中の言葉を抜き出して答えよ。

傍線部を含む一文を分析すると、「この恒常性が乱される」が「原因」で、「病気になりやすい体になる」が「結果」だとわかります。そして、一文目を見ると「ストレスをためると、病気になりやすい」とあります。この文も「因果関係」を表しており、「ストレスをためる」が「原因」で、「病気になりやすい」が「結果」です。「結果」の部分がイコールなのですから、「原因」の部分もイコールなのではないかと考えることができます。

正解は「ストレス」となります。

このように「因果関係」を表す言葉に注意しながら読んでいくと、文章の内容をうまく整理することができます。

「因果関係」を表す表現を元にして文章の内容を整理するためのテクニック

☑「因果関係」を表す表現に注意する
☑「原因」と「結果」のセットが二つ見つかった場合、片方がイコールならば、もう片方もイコールなのではないかと考える

実践問題5　**次の文章を読んで、後の問いに答えよ。**

2016年　関西医療大学保健看護学部

①人間を除けば地球は複雑系の最たるものである。そのため未知の部分が多くあり、一つの要素がプラスにもマイナスにもはたらくことがあって、単純に結論を下せないことが多い。そのため、地球環境問題は人間の未来を左右する深刻な問題だととらえる論調が強い一方、でっち上げに過ぎないとか、環境学者が予算を獲得するために大げさに言い立てている、と言う学者もいる。こうなると、地球環境問題を言い立てるのが疑似科学なのか、それを否定して問題はないと主張するのが疑似科学なのか、わからなくなってしまう。いずれも「科学的」であることを標榜《ひょうぼう》しているから判断が難しいのである。この種の疑似科学の両義性を見事に象徴しているのだ。

②地球が温暖化していることは事実である。また、二酸化炭素を始めとする温室効果ガスが大気中に増えていることも文句をつけようがない観測事実である。問題は、この二つの相関がどのような因果関係にあるのかである。

③主流と見られるのは、人間の活動によって二酸化炭素を始めとする温室効果ガスが増加したために地球が温暖化しているという論である。温室効果ガスは熱放射を吸収・放出する性質を持っており、地球大気を暖めていることがわかっている。産業革命以降、人間が大量に二酸化炭素を放出したため大気の温室効果が増し、地球温暖化が引き起こされているとする立場である。これに対し、逆の論も出されている。地球が（何らかの原因で）温暖化したので、地中や海水中に閉じ込められていた二酸化炭素が放出されて増加したとする意見である。この場合は、地球温暖化が原因、二酸化炭素の増加が結果であって、地球温暖化の原因は別に求めることになる。原因と結果がまったく反対の解釈が可能なのだ。さて、このいずれが正しいのだろうか。（・・・中略・・・）

④現在の地球の状況はどうなのだろうか。産業活動や日常生活のエネルギー使用で二酸化炭素の排出量が増えていることは事実である。事実、大気中の二酸化炭素の増加量と人間活動による排出量は縮尺を変えればほぼ重なることでそれが証明できる。つまり、地球の過去の歴史と決定的に異なるのは、自然現象ではなく、［A］の行為によって確実に二酸化炭素が増えているということである。それも、第二次世界大戦以来二〇％も増加させていることは明確で、それが何らかの効果を及ぼすと考えるのが自然だろう。ところが、温室効果ガスがどれくらい累積したら、どの程度温暖化し、どのような気象・気候変動をもたらすかについては定量的な結論は得られていない。まさに地球が複雑系※であるためだ。

⑤他方、地球の温暖化によって土中や海水中から大気に二酸化炭素が放出されていることも確かであろう。では、それが二酸化炭素を増加させている真の原因なのか、それとも人間の活動による放出量の補正に過ぎないのか、そのいずれであるかをはっきり証明しなければならないのだが、再び「複雑系」の壁で明確に示すことができない。実にいろいろなプロセスが関与しているため、人間の活動以外の放出量は正確に

計算できないのだ。

⑥他方、日本が暖冬であったり（二〇〇七年冬）、酷暑であったり（二〇〇七年夏）、アメリカのハリケーンが強力になったり（二〇〇五年、二〇〇七年）、ヨーロッパが熱波に襲われたり（二〇〇五年、二〇〇七年）、日本に上陸した強力な台風が増えたり（二〇〇四年）と、異常気象と思われる事象が相次いでいる。それらが、一〇年に一回程度起こっている通常の変動なのか（私たちは経験したことがあってもすぐ忘れてしまい通常とは思わなくなっているが）、三〇年に一回の希《まれ》だが今に始まったわけではないことなのか（これくらい長い時間をかけて変動が循環していることもある）、歴史上起こったことのない真に異常な変動なのか（少なくとも気象データを取り始めた一〇〇年間で一回も経験しなかったことか）、を区別する必要がある。少しでもこの数年になかったことであれば、直ちに「異常」と断じ、「地球温暖化のせい」と決めつけてわかった気になる、私はそのような風潮に危うさを覚えるのだ。

⑦このほか、エルニーニョが原因となって異常気象が頻発しているという議論をよく目にする。エルニーニョは数年間隔で起こる海水温度の振動現象で、何千年も前から繰り返していて、今急に始まったことではない。地球が温暖化したために海水温変化が増幅されたり、人間が自然環境を改変したために被害が大きくなったりしているだけで、エルニーニョが直接異常気象を引き起こしているわけではないことを指摘しておきたい。見かけの効果だけを取り上げて解釈し、B自然現象に責任を押し付けているのは無責任ではないだろうか。人間の側に真の原因が潜んでいるかもしれないことを忘れさせるからだ。

⑧それだけでなく、「地球温暖化」が挨拶代わりになってしまい、それが深刻な問題であることをむしろ忘れさせる効果を持っている。つまり、思考停止になっているのだ。思考停止は疑似科学の入口なのである。言葉がケナカミを裏切ることがある。「地球温暖化」が合言葉のようになって、真実を見えなくする効果を

持っていることに注意すべきだろう。

⑨二酸化炭素を地球温暖化の元凶だと目の敵のみにするのは正しくない。もし地球に二酸化炭素（や水蒸気）がなければ、地表は摂氏マイナス一五度くらいに冷えてしまうのだが、それら温室効果ガスがあるために平均気温で一五度に保たれているから、二酸化炭素（や水蒸気）は地球環境にプラスの効果を及ぼしているのである。また、大気中の二酸化炭素の増加は植物の光合成を活性化する可能性があり、いずれ二酸化炭素を減少させるほどの効果を及ぼすかもしれないと言う人もいる。

⑩しかし、「過ぎたるは及ばざるがごとし」で、大気中の二酸化炭素が増えすぎたら温室効果が暴走してしまい、金星のような灼熱《しゃくねつ》の大地になってしまうかもしれない。（金星は七〇気圧もの二酸化炭素の大気に覆われ、その温室効果で摂氏四〇〇度もの高温になっている。）温室効果はプラスにも（地球を極寒から救っている）マイナスにも（暴走すると金星のようになる）はたらくのである。

問一　段落番号③では特に「地球が温暖化していること」の因果関係について考察しているが、その論の主な二点をそれぞれ一〇字以内でまとめよ。

問二　空欄Aに入る漢字二字を、文中から抜き出せ。

問三　傍線部B「自然現象」とは、ここでは何を指しているか。文中から一〇字以内で抜き出せ。

文章解説

第一段落では、「地球は複雑系」であり、「一つの要素がプラスにもマイナスにもはたらく」ということが指摘されます。それゆえ、「地球環境問題は深刻だ」という論と「地球環境問題はでっち上げだ」という論があり、どちらも科学的であるというので、どちらが疑似科学なのかの判断が難しいと主張されます。

第二段落では、「地球の温暖化」と「温室効果ガスの増加」という相関関係が認められることが指摘されます。そして、「この二つの相関がどのような因果関係にあるのか」と問題提起されます。

第三段落では、「温室効果ガスが増加した」ため、「地球が温暖化した」という説と、逆の「地球が温暖化した」ため、「温室効果ガスが増加した」という二つの論が紹介されます。そして、このどちらが正しいのかと問題提起されます。

第四段落では、「人間の活動により二酸化炭素の排出量が増えている」という事実が確認されます。

第五段落では、「地球の温暖化によって二酸化炭素が放出されている」という事実が確認されます。そして、「二酸化炭素が増加している」真の原因はどちらなのかはわからないと述べられます。

第六段落では「異常気象」と言われる様々な現象が、本当に「異常」なのか区別する必要があると述べられます。ここ数年になかったことは直ちに「異常」として、「地球温暖化のせい」と決めつけるのは危ういと主張されます。

第七段落、第八段落では、「エルニーニョ」が原因で異常気象が頻発しているという議論も、人間の側に原因があることを忘れさせ、「地球温暖化」という言葉で「思考停止」が起こっているという問題が指摘されます。

第九段落、第十段落では、二酸化炭素はプラスの面もあればマイナスの面もあると指摘されます。

文章の展開

「地球環境問題は深刻だ」という論と「地球環境問題はでっち上げだ」という論があり、どちらも科学的であるというので、どちらが疑似科学なのかの判断が難しい

「地球環境問題は深刻だ」論

原因「人間の活動により二酸化炭素の排出量が増えている」
↓
結果「地球の温暖化」

「地球環境問題はでっち上げだ」論

原因「地球の温暖化」
↓
結果「二酸化炭素が増加している」

「地球温暖化」や「エルニーニョ」によって「異常気象」が発生しているという議論
↓
人間の側に原因があることを忘れさせ「思考停止」状態になる

「二酸化炭素を目の敵にする」のも良くない

←　**理由**

二酸化炭素はプラスの面もあればマイナスの面もある

設問解説

問一

ステップ1　解答の根拠を探す

設問は「地球が温暖化していること」の因果関係についての論をとらえる問題です。文章読解から、因果関係についての論を取り出すと、次の二つになります。

1「人間の活動により二酸化炭素の排出量が増えた」から、「地球が温暖化」した
2「地球が温暖化」したから、「二酸化炭素が増加した」

ステップ2　記述解答を書く

ただし、これらの論をまとめようとすると、一〇字にはなりませんから、ポイントを二つ抜き出す形で解答しましょう。

正解は「地球の温暖化」「温室効果ガスの増加（二酸化炭素の増加）」となります。

問二

ステップ1　空所を含む一文の分析

まずは空所を含む一文の構造を確認しましょう。

接続表現　主部
つまり、〈地球の過去の歴史と決定的に異なるのは〉、
原因　結果　述部
自然現象ではなく、 A の行為によって確実に**二酸化炭素が増えている**ということである。

空所を含む一文を分析すると、 A は「自然現象」の反対、そして「二酸化炭素が増える」の原因であることがわかります。

さらに、「つまり」という接続表現があるので、前の文が同じ内容であることもわかります。ですから、直前に解答の根拠を求めましょう。

ステップ2　解答の根拠を探す

事実、大気中の二酸化炭素の増加量と**人間活動**による**排出量**は縮尺を変えればほぼ重なることでそれが証明できる。つまり、地球の過去の歴史と決定的に異なるのは、自然現象ではなく、 A の**行為**によって確実に**二酸化炭素が増えている**ということである。

直前の文を見ると「人間活動」による「排出量」とあります。「によって」「による」の前が原因ですから、「［A］の行為」と「人間活動」がほぼ同じ内容になるのではないかとわかります。

ステップ3　記述解答を書く

正解は「人間」です。「人間の行為」は「自然現象」と反対になりますから、この点からも確認ができます。

問三

ステップ1　傍線部を含む一文の分析

まずは傍線部を含む一文の構造を確認しましょう。

…………………………

主部

〈見かけの効果だけを取り上げて解釈し、B自然現象に［責任］を押し付けているのは〉

述部

無責任ではないだろうか。

…………………………

「自然現象に責任を押し付けている」というのは「自然現象のせいにしている」ということです。ですから、「自然現象が原因だと考えている」ととらえることができます。「何が原因で、何が結果なのか」をとらえれば、正解することができそうです。

ステップ2　**解答の根拠を探す**

このほか、**エルニーニョ**が原因となって**異常気象が頻発している**という議論をよく目にする。エルニーニョは数年間隔で起こる海水温度の振動現象で、何千年も前から繰り返していて、今急に始まったことではない。地球が温暖化したために海水温変化が増幅されたり、人間が自然環境を改変したために被害が大きくなったりしているだけで、**エルニーニョ**が直接異常気象を引き起こしているわけではないことを指摘しておきたい。見かけの効果だけを取り上げて解釈し、B**自然現象**に責任を押し付けているのは無責任ではないだろうか。人間の側に真の原因が潜んでいるかもしれないことを忘れさせるからだ。

第七段落では「エルニーニョが原因となって異常気象が頻発しているという議論」について述べられています。「人間の活動」→「温室効果ガスの増加」→「地球の温暖化」→「異常気象」なのかもしれないのだから、「エルニーニョ」→「異常気象」とするのは無責任だと述べています。

ステップ3　**記述解答を書く**

正解は「エルニーニョ」となります。「異常気象」の原因として考えられている部分を解答としましょう。

因果関係の一覧

①順接の接続表現　前が「原因」　後ろが「結果」

「だから」「したがって」「それゆえ」「ゆえに」「よって」

「すると」「そこで」

②理由の接続表現　前が「結論」後ろが「理由」

「なぜなら」「というのも」

③「因果」表現　Aが「原因」Bが「結果」

「Aによって（により）B」「AだからB」

「AのでB」「AゆえにB」

第5講のまとめ

なにが「原因」で、何が「結果」なのかに注意して読もう

実践問題5　解答

問一　地球の温暖化、温室効果ガスの増加（二酸化炭素の増加）

問二　人間

問三　エルニーニョ

第2章

設問を解くための解答テクニック

《第6講》

「どういうことか」の問題を解くための解答テクニック

所要学習時間

60分

この講を学ぶ意義

看護医療の仕事をしていると、新しい「病気」や新しい「治療法」が現れます。知らない事態に遭遇したとき「それって、何?」「それって、どういうこと?」という問題が出てきます。そのときに、論文や記事を読んで新しい事態に対応していく必要があります。そのような問いに答える能力が必要なので、「どういうことか」という問題が出題されるのです。

この講で身につく読解テクニック

- □「傍線部内容説明問題」を解くためのテクニック
- □「文の構造」をとらえて傍線部の内容をとらえるテクニック
- □「指示語」「比喩表現」「専門用語」をとらえて傍線部の内容をとらえるテクニック

6-1 「どういうことか」という問題は何を問うているのか

「どういうことか」という問いは一体何を問うているのでしょうか。「日本語なんだから読んで字のごとく」

だと思う人も多いと思います。
では、「日本語ならば、何でもわかる」のは本当でしょうか。
例えば、次の文の意味はわかりますか。

例文1 **この問題はこうやって解こうね。**

この文の意味がわかりますか。わかりませんよね。これは「指示語」を使っているので、何を言っているのかわからないのです。
次の文はどうでしょうか。

例文2 **現代文の勉強は雨だれが岩を穿つようなものだ。**

この文の意味はわかりますか。これもわかりません。これは「雨だれが岩を穿つようなもの」という「比喩表現」を用いているので、何を言っているのかわからないのです。
最後に、この文はどうでしょうか。

例文3 **あの患者さんはアッペだから、緊急オペが必要だ。**

この文の意味はわかりますか。わかる人もいるかも知れませんが、そうでない人もいると思います。これは「アッペ」「オペ」という「専門用語」が用いられているため、その用語を知らないとわからないのです。

このように、日本語でも「指示語」「比喩表現」「専門用語」が使われていると、日本語なのに何を言っているのかわからないということになるのです。

そのような言葉が使われているところに傍線部が引かれていると考えてください。

そして、「どういうことか」という問題は「これらのわかりにくい表現の意味がわかりましたか」「他の人にわかりやすく説明できますか」ということを問うています。

ですから、「どういうことか」の問題では、「指示語」「比喩表現」「専門用語」といった表現を「日本人なら誰にでもわかる表現」に言い換えて説明すればよいということになります。

「どういうことか」という問題のポイント

- ☑ 傍線部が「指示語」「比喩表現」「専門用語（個人が特殊な意味で用いている「個人言語」もある）」といった「わかりにくい表現」で書かれている
- ☑「わかりにくい表現」を「日本人ならば誰にでもわかる表現」に言い換える

6-2　「どういうことか」の問題を解く手順

次は「どういうことか」の問題を解く手順を学びましょう。

すべての傍線部は「違う文章」の「違う部分」に引かれています。しかし、「わかりにくい表現」に傍線部が引かれているという点では、全てが同じ問題なのです。ですから、一つひとつ異なるように見える傍線部でも、いつも一定のアプローチを心がけるようにしましょう。

「どういうことか」の問題を解く手順

- ☑ ①傍線部を含む一文を分析する
- ☑ ②ポイントとなる言葉を見つける
- ☑ ③本文中に解答の根拠を求める

①は「一文の構造」を明らかにする作業です。「主語」「述語」はなにか、「修飾部」はどこに係っているかを明らかにしましょう。

「主部」の説明は「述部」にある。
「修飾部」は「被修飾部」の説明をしている。

これらのことを意識して「どこがどこの説明をしているのか」をとらえましょう。これだけで傍線部の説明ができてしまう場合もありますので、解く手順の最初に来ています。

②は「説明が必要な言葉」を特定する作業です。**ポイントとなる言葉は「指示語」「比喩表現」「専門用語、個人言語」です**。「指示語」「比喩表現」は見てすぐにわかると思いますから、その二つがなければ傍線部は「専門用語、個人言語」だと考えると良いでしょう。

③は「説明が必要な言葉」の説明をしている部分を探す作業です。「指示語」ならば指示内容を探します。「比喩表現」ならば、比喩でない表現で同じことを述べている部分を探します。「専門用語、個人言語」ならば、その用語を定義している文を探します。

このようになんとなく周りを見るのではなく、「説明が必要な言葉」の説明を探すという意識を持って、周りの文をチェックしていきましょう。

「どういうことか」の問題を解くテクニック

- ☑ 一文の構造の分析から「どこがどこの説明をしているか」をとらえる
- ☑「指示語」があったら、指示内容をとらえる
- ☑「比喩表現」があったら、比喩でない表現で同じことを述べている文を探す
- ☑「専門用語、個人言語」があったら、定義をしている文を探す

それでは実践問題を解いていきましょう。

実践問題6　**次の文章を読んで、後の問いに答えよ。**

2018年　国立看護大学校

私たちは、会社の会議、いろいろな委員会や裁判員制度、ひいては議会に至るまで、集団での意思決定の仕組みを、人間だけのもつ専売特許のように考えがちです。言語をもつ人間だからこそ、話し合って皆で決めることができるとする見方です。この意味で、言語をもたないハチやアリが集団意思決定を行うという話は、ただの喩《たと》え話にすぎないと思われるかもしれません。

しかし、ヒト以外の動物種においても、動物たちの示す特定の身体姿勢や運動のパターン、発声の仕方などが投票や意見表明と同じ機能をもつことが、近年の生物学の研究から明らかにされています。こうしたかたちでのメンバーの「投票」は、多数決などの「集団決定ルール」を通じて、巣場所の選択や移動の開始など、群れ全体での統一的な行動にまとめられます。言語能力はとても重要ではあるものの、A<u>集団意思決定を行うための必要条件ではありません</u>。

つまるところ、集団意思決定とは、個々のメンバーの意思（「餌場Aに移動したい」、「この巣からそろそろ別の場所に引越したい」などの意思）を、群れ全体の行動選択にまとめあげる集約の仕組みに過ぎません。この意味での集団意思決定は、人間に固有ではなく、社会性昆虫のほかにも、魚類、鳥類、食肉類、霊長類などにおいてかなり広く認められます。

具体例として、ミツバチのコロニー（群れ）での巣探し行動について検討します。

私たちが、家族で相談しながら新しい住まいを探したり、担当の部署などが話し合って会社の移転先を探すのと同じように、ミツバチもまたほかの個体と情報を共有しながら、コロニー全体にとっての新しい巣（引越し先）を探します。生物種としてのヒトとミツバチは、進化の系統樹のうえでは遠く離れているものの、集団意思決定場面での行動の組み立て方（仕組み）は、巨視的に見ると驚くほどよく似通っています。しかし、仕組みの細部におけるいくつかの違いが、ミツバチの集団意思決定とヒトの集団意思決定の間で決定的な違いを生み出す可能性があります。

初夏になると、ミツバチのコロニーは分蜂と呼ばれる行動を見せることがあります。コロニーの個体数が増えすぎると、女王は働きバチの三分の二ほどを連れて新しい巣を求めて移動し、娘の新女王が残りの働きバチとともに、元の巣に残留します。巣を離れた一万匹近いハチたちは、近くの木の枝などに仮の宿であるアゴヒゲ状の塊を作り、その中から数百匹のハチたちが、いわば「探索委員会」として新たな巣の候補地を探しに飛び回ります。

これらのハチたちは仮の宿に帰還後、自分が見つけた候補地について、8の字ダンス（waggle dance）によって、ほかの探索委員に情報を伝達します。読者の皆さんは、高校の生物の授業で、ミツバチが身体を震わせながら8の字のような動きをし、ダンスの方向と太陽が作る角度によって、蜜のありかや巣の候補地の方向をほかのハチたちに伝えるという話を聞いたことがあるかもしれません。しかし、重要なのは方向だけではありません。このときのダンスの長さと熱心さは、見つけた巣の候補地をそのハチがどの程度良いと知覚したかを反映しています。候補地の質が良いほど、ミツバチのダンスは長く熱心なものになります。8の字ダンスは人間での投票や意見表明に相当するのです。

まだ飛び立っていないハチは、帰還したハチたちのダンスによる「宣伝」を見て自分が探索する方向を決めるので、熱心に宣伝される巣の候補地ほど、多くのハチたちが次に訪問しやすくなります。このように、自分がどこに行くべきかを他のハチたちの宣伝に応じて決める行動の仕組みは、人気が人気を呼ぶ社会的な増幅プロセス（正のフィードバック）を通じて、探索委員会の間に次第に「合意」を生み出します。

　そしてその合意がある境界を超えると（すなわち、ある候補地へ訪問したハチの数が閾値《いきち》(注)を超えると）、アゴヒゲ状の仮の宿に留《とど》まっていたコロニー全体が新しい巣に引越しをします。人間では、たとえば「三分の二以上の賛成による多数決」などといったルールで集団の意思を決定しますが、ミツバチの場合、閾値を超えることがそれに相当するのです。


　では、実際、この決定[B]は理に適ったものなのでしょうか。

　私たちが会社の移転先を検討する場合、いくつもの候補を調べて比較したうえで、自分が最適と思う選択肢への支持を表明するでしょう。しかし、個々のミツバチが探索のために訪れる候補地は、ほとんどの場合にせいぜい一つか二つです。いくつもの巣の候補地を訪れ、比較したうえで自分が最適と考える候補地を選んで宣伝しているわけではないのです。しかもミツバチは、霊長類と比較したらまったく問題にならない、単純で小さい脳（マイクロブレイン）しかもっていません。

　しかし驚くべきことに、ミツバチが探索委員会として集団で下す意思決定では、候補の中で客観的にもっとも良い（もっとも質の高い）巣を、非常に高い確率で正しく選択できることを、行動生態学者のシーリーらは、一連の巧妙な実験によって明らかにしています。

　ミツバチの巣探し行動には、集合知（collective intelligence）が見られるのです。集合知とは、「三人寄れば文殊の知恵」のように、個体のレベルでは見られない優れた知性が、群れや集団のレベルで新たに生まれる集合現象を意味します。

しかし、多数での意思決定が、必ずしも集合知を生むとは限りません。たとえば、現代社会の人間集団でよく見られる一時的な流行現象のことを考えてみましょう。

優れているとか美味しいという評判につられて、本当はあまり優れていない商品が雪だるま式に売れてしまい、しばらく経って冷静になって振り返ると「あの流行はいったい何だったのか」と不思議に思う、などという例は、決して稀《まれ》なものではないでしょう。人気が人気を呼ぶ（不人気が不人気を呼ぶ）という仕組みだけでは、集合知は生まれないのです。ミツバチのコロニーでも同様の雪だるま現象が発生し、質の悪い巣が選ばれる可能性がありそうです。

株式市場ではしばしば、自分のもっている情報よりも、ほかの人の行動を情報源として優先して、それがつぎつぎと全体に広がっていく連鎖現象が見られます。このような現象は、経済学で「情報カスケード」と呼ばれ（カスケードとは階段状に連なった滝のことです）、現在いろいろな分野で関心が寄せられています。情報カスケードが生み出す可能性のあるエラーの連鎖を、ミツバチの集団意思決定はどのように防いでいるのでしょうか。

政治学者のリストらによる最近の理論研究から、[C]ミツバチがエラーの連鎖を防ぐメカニズムについて、鋭い洞察が得られています。リストらの研究は、エージェント・シミュレーションと呼ばれる技法を用いています。これは、さまざまな行動の仕組み（アルゴリズム）をもつ行為者（エージェント）をコンピュータの中に作り出し相互作用させることで、どのようなパターンが集団レベルで生まれるかを調べる、コンピュータ・シミュレーションの技法です。

さて、このシミュレーションから、次のような行動の仕組みが、集合知を生み出すことが理論的に明らかになりました。

まず、行為者であるミツバチは、ほかのハチたちの示す行動に「同調」する必要があります。8の字ダンスで帰還したほかのハチたちが熱心に宣伝する巣の候補地ほど、まだ飛び立っていないハチが訪問しやすくなるパターンは、まさにこの同調条件を満たしています。

しかし、集合知が生じるためには、同時にもう一つの条件を満たさなければなりません。それは、訪れた候補地についての「評価」は、ほかのハチたちの影響を受けずに「完全に独立に行われる」という条件です。つまり、ほかのハチたちの宣伝に影響されて（＝同調して）訪れた候補地であっても、その候補地が巣としてどれだけ良いかに関する評価は、自分の目だけを信じて行うということです。

こうした評価の独立性があれば、ほかのハチに同調してある候補地を訪れても、訪問先の質が良くないと判断した場合、そのハチは帰還後にあまり熱心に宣伝を行いません。8の字ダンスはごく短いものになり、まだ飛び立っていない他のハチたちの目に入る機会も少なくなります。それによって、たまたま生じたエラー（先に飛び立った複数のハチが偶然に良くない場所しか訪れなかったというエラー）が、情報カスケードのように群れ全体に次々に連鎖していくプロセスにストップがかかります。

このように、「行動の同調」と「評価の独立性」をうまく組み合わせた行動の仕組みによって、コロニー全体としての優れた遂行が生まれるようです。このミツバチの行動の仕組みは、ヒトの社会行動の特徴を考えるうえで、非常に重要なポイントになります。


（亀田達也『モラルの起源――実験社会科学からの問い』）

（注）閾値――ある現象を引き起こすために最小限必要な値。
※問題作成上の都合で、本文の一部に手を加えてある。

問1　傍線部Ａ「集団意思決定を行うための必要条件ではありません」とあるが、それはどういうことか。その説明として最も適当なものを、次の①〜⑤のうちから一つ選べ。

① 人間以外の生物種であっても集団意思決定ができるという事実は、それらの生物種が言語能力を有することを意味しているということ。

② 人間がもっているような言語能力を備えていない生物種においても、群れ全体の行動の選択に関わる意思決定が行われるということ。

③ 人間もはじめから集団における意思決定ができるというわけではなく、言語を操るようになってはじめてそれが可能になるということ。

④ 人間の能力とまったく同じではなくても、一定の言語能力を有していることが、集団意思決定を行うための最低限の条件であるということ。

⑤ 人間は言語能力をもってはいるが、それは人間集団の意思決定が常に正しいものになることを保証する条件にはならないということ。

問2　傍線部Ｂ「この決定」とは、具体的にどのようなことか。その説明として最も適当なものを、次の①〜⑤のうちから一つ選べ。

① 実際に訪れた巣の候補地の中から最適なものを選び、他のハチと合意を形成した上で引越す決定をすること。

② まだ飛び立っていないハチが、仮の巣に帰ってきたハチたちの宣伝を見て、自分が探索する方向を決定すること。

③　人気が人気を呼ぶ社会的なプロセスに同調し、ハチは自分がどの巣の候補地に行ったらいいのかを決定すること。

④　巣の候補地に関する合意が一定の水準を超えると、仮の巣にいたハチが新しい巣に引越す決定をすること。

⑤　仮の巣に帰還したハチが、発見した巣の候補地の質に応じて、宣伝のために行うダンスの熱心さを決定すること。

問3　傍線部Ｃ「ミツバチがエラーの連鎖を防ぐメカニズム」とは、具体的にどのようなものか。その説明として最も適当なものを、次の①〜⑤のうちから一つ選べ。

①　行為者のハチは、群れ全体の評判に同調して巣の候補地を訪れるのではなく、あらかじめ自分で独自の情報を得て行動を決めるので、たとえ群れにエラーが発生したとしても、個体の行動は自由でありつづけるというもの。

②　ハチの群れにおける相互作用から生み出される判断のパターンにはさまざまなものがあり、その一つにおいてたまたま質の低い巣の候補地を選ぶようなことがあっても、すぐにほかを選択すればいいという判断が働くというもの。

③　巣の候補地の選定に際して、たまたま集合知のエラーが生じたとしても、行為者であるハチは集合知に同調するのではなく完全に独立して候補地の評価をするので、最終的な意思決定にそのエラーはかかわらないというもの。

④　行為者であるミツバチが巣の候補地について誤った判断をしたとしても、ほかのハチに同調するのを

繰り返しているうちにそのエラーは自然と修正され、最終的に、集団意思決定にはたいして影響を及ぼさなくなるというもの。

⑤ ほかのハチの宣伝に同調して巣の候補地を訪れたとしても、その候補地が巣に適しているかどうかの評価は、ほかに同調するのではなく行為者のハチだけで行うので、たまたま発生したエラーも拡散しないで済むというもの。

文章解説

第一意味段落（第一段落～第三段落）

集団での意思決定は人間だけが行うもので、言語を持たない動物は集団意思決定をしないと思われています。しかし、人以外の動物も人と同じように集団意思決定を行っているのです。

第二意味段落（第四段落～第九段落）

具体例として、ミツバチのコロニーでの巣探し行動について検討します。ミツバチはコロニーの個体数が増えすぎると、女王は働きバチの三分の二ほどを連れて新しい巣を求めて移動します。巣を離れた一万匹近いハチたちは仮の宿を作り、その中の数百匹のハチたちが、新しい巣の候補地を探します。これらのハチたちが仮の宿に戻って8の字ダンスをして、自分が見つけた候補地を宣伝します。そして、他のハチたちは宣伝された土地に行き、良い土地であれば合意します。その合意がある閾値を超えると、仮の宿にとどまっていたコロニー全体が新しい巣に引っ越しをします。これがミツバチの集団意思決定です。

第三意味段落（第一〇段落～第一六段落）

この決定は理にかなったものでした。結果的に最も良い巣を高確率で正しく選択できるのです。蜜蜂の巣探し行動には集合知が見られるのです。しかし、多数での意思決定が必ずしも集合知を生むとは限りません。自分の持っている情報よりも他の人の行動を情報源として優先して、それが次々と全体に広がっていく「情報カスケード」という現象があります。情報カスケードが生み出す可能性のあるエラーの連鎖を、ミツバチの集団意思決定はどのように防いでいるのでしょうか。

第四意味段落（第一七段落～第二二段落）

ミツバチがエラーの連鎖を防ぐシステムは「行動の同調」と「評価の独立性」です。まず、ミツバチは他の鉢たちの示す行動に「同調」します。同時に、訪れた候補地の「評価」は、他の鉢たちの影響を受けずに完全に独立で行われるのです。この二つの条件によって高確率で正しい決定を導く仕組みは、ヒトの社会行動の特徴を考えるうえで、非常に重要なポイントになります。

文章の展開

譲歩
集団での意思決定は人間だけが行うもので、言語を持たない動物は集団意思決定をしないと思われています。

（**差異**）

×しかし

主張 人以外の動物も人と同じように集団意思決定を行っている（**類似**）

↓**具体例**

ミツバチのコロニーでの巣探し行動

↓

主張 ミツバチは集団で意思決定をしている

↓

問題提起 集団での意思決定といっても、必ずしも正しい結果になるわけではない

どうしてミツバチは正しい意思決定ができるのか

↓

答え（主張）「行動の同調」と「評価の独立性」をうまく組み合わせて、全体としての優れた遂行が生まれる

設問解説

問1

ステップ1　傍線部を含む一文の分析

まずは傍線部を含む一文の構造を確認しましょう。

主語　述部①　逆接　述部②

〈言語能力は〉とても重要ではあるものの、集団意思決定を行うための必要条件ではありません。

文の構造をとらえると、「言語能力は」が主語で、「とても重要ではある」が述部①、「集団意思決定を行うための必要条件ではありません」が述部②になっています。

つまり、「言語能力がなくても、集団意思決定はできる」ということを言っていますね。

そして、「ポイントとなる言葉」を探しましょう。「集団意思決定」というのが今回の筆者の「専門用語・個人言語」だと考えてください。「指示語」でも「比喩表現」でもないとなれば、「専門用語・個人言語」では、「集団意思決定」の説明をしている文を周囲に探しに行きましょう。

ステップ2　解答の根拠を探す

周囲の文章を見てみましょう。

しかし、ヒト以外の動物種においても、動物たちの示す特定の身体姿勢や運動のパターン、発声の仕方などが投票や意見表明と同じ機能をもつことが、近年の生物学の研究から明らかにされています。こうしたかたちでのメンバーの「投票」は、多数決などの「集団決定ルール」を通じて、巣場所の選択や移動の開始など、群れ全体での統一的な行動にまとめられます。〈言語能力は〉とても重要ではあるものの、A集団意思決定を行うための必要条件ではありません。

つまるところ、〈集団意思決定とは〉、個々のメンバーの意思（「餌場Aに移動したい」、「この巣からそろそろ別の場所に引越したい」などの意思）を、群れ全体の行動選択にまとめあげる集約の仕組みに過ぎません。〈この意味での集団意思決定は〉、人間に固有ではなく、社会性昆虫のほかにも、魚類、鳥類、食肉類、霊長類などにおいてかなり広く認められます。

直後の段落は「つまるところ」というイコールの接続表現でつながっています。ですから、ここに「集団意思決定」の説明がないかと考えながら読んでいきます。すると、「集団意思決定とは、〜」「この意味での集団意思決定は」という主部があり、「集団意思決定」の説明があると考えて線を引きます。この部分をもとにして解答を選ぶと良いでしょう。

ステップ3　正解の選択肢を選ぶ

正解は②「人間がもっているような言語能力を備えていない生物種においても、群れ全体の行動の選択に関わる意思決定が行われるということ。」となります。

他の選択肢を検討してみましょう。①「それらの生物種が言語能力を有することを意味している」が誤りです。③「言語を操るようになってはじめてそれが可能になる」が誤りです。④「一定の言語能力を有していることが、集団意思決定を行うための最低限の条件である」が誤りです。「言語能力は必要ではない」という内容でした。

⑤「それは人間集団の意思決定が常に正しいものになることを保証する条件にはならない」が誤りです。「集団意思決定を行うための必要条件ではない」でした。

問2

ステップ1　傍線部を含む一文の分析

まずは傍線部を含む一文の構造を確認しましょう。

…………

主部　**述部**

では、実際、〈[B]この決定は〉理に適ったものなのでしょうか。

…………

文の構造をとらえると、「この決定は」が主部で、「理にかなったものなのでしょうか」が述部になっています。

そして、「ポイントとなる言葉」を探しましょう。「この決定」という傍線部には「指示語」が使われていますね。「指示語」は見ればすぐにわかります。

では、「指示語」の指示内容を周囲に探しに行きましょう。

ステップ2　解答の根拠を探す

周囲の文章を見てみましょう。

…

そしてその合意がある境界を超えると（すなわち、ある候補地へ訪問したハチの数が閾値《いきち》を超えると）、

…

アゴヒゲ状の仮の宿に留《とど》まっていたコロニー全体が新しい巣に引越しをします。人間では、**たとえば「三分の二以上の賛成による多数決」などといったルールで集団の意思を決定します**が、ミツバチの場合、**閾値を超えることがそれ**に相当するのです。

では、実際、B**この決定**は理に適ったものなのでしょうか。

「指示語」の指示内容は直前に求めます。すると、「それ」という「指示語」があります。このように「指示語」の指示内容をたどった先にさらに「指示語」があるものを「二重の指示語」といいます。さらに指示内容を求めると、「たとえば〜などといったルールで集団の意思を決定します」とあり、「それ」の指示内容がわかります。まとめると次のような形になります。

人間では、たとえば「三分の二以上の賛成による多数決」などといったルールで集団の意思を決定します

＝

ミツバチの場合、〈**閾値を超えることが**〉**それ**に相当する

＝

その決定

以上より、「その決定」とは「閾値（＝ある現象を引き起こすために最小限必要な値）を超えることで集団の意思を決定すること」となります。「閾値」の説明は注を参照しましょう。

ステップ3　正解の選択肢を選ぶ

正解は④「巣の候補地に関する合意が一定の水準を超えると、仮の巣にいたハチが新しい巣に引越す決定をすること。」となります。

他の選択肢を検討してみましょう。①「他のハチと合意を形成した上で引越す決定をすること」が誤りです。「閾値」の説明がありません。②「まだ飛び立っていないハチが、自分が探索する方向を決定すること」③「ハチは自分がどの巣の候補地に行ったらいいのかを決定すること。」⑤「仮の巣に帰還したハチが、～宣伝のために行うダンスの熱心さを決定すること。」これらは「集団の意思決定」になっていません。

問3

ステップ1　傍線部を含む一文の分析

まずは傍線部を含む一文の構造を確認しましょう。

修飾部①
［政治学者のリストらによる最近の理論研究から］、

修飾部②
［C ミツバチがエラーの連鎖を防ぐメカニズムについて］、

主部　〈鋭い洞察が〉
述部　得られています。

文の構造をとらえると、「鋭い洞察が」が主部で、「得られています」が述部になっています。二つの修飾部は主文（主部＋述部）に係っています。

そして、「ポイントとなる言葉」を探しましょう。「ミツバチがエラーの連鎖を防ぐメカニズム」という傍線部は「個人言語」です。

では、その定義を周囲に探しに行きましょう。

ステップ2　解答の根拠を探す

周囲の文章を見てみましょう。

政治学者のリストらによる最近の理論研究から、C **ミツバチがエラーの連鎖を防ぐメカニズム**について、鋭い洞察が得られています。リストらの研究は、エージェント・シミュレーションと呼ばれる技法を用いています。これは、さまざまな行動の仕組み（アルゴリズム）をもつ行為者（エージェント）をコンピュータの中に作り出し相互作用させることで、どのようなパターンが集団レベルで生まれるかを調べる、コンピュータ・シミュレーションの技法です。

さて、このシミュレーションから、**次のような行動の仕組み**が、集合知を生み出すことが理論的に明らかになりました。

まず、**行為者であるミツバチは、ほかのハチたちの示す行動に「同調」する必要があります**。8の字ダンスで帰還したほかのハチたちが熱心に宣伝する巣の候補地ほど、まだ飛び立っていないハチが訪問しやすく

なるパターンは、まさにこの同調条件を満たしています。

しかし、集合知が生じるためには、**同時に**もう一つの条件を満たさなければなりません。それは、**訪れた候補地についての「評価」は、ほかのハチたちの影響を受けずに「完全に独立に行われる」という条件です。**

つまり、ほかのハチたちの宣伝に影響されて（＝同調して）訪れた候補地であっても、その候補地が巣としてどれだけ良いかに関する評価は、自分の目だけを信じて行うということです。

こうした評価の独立性があれば、ほかのハチに同調してある候補地を訪れても、訪問先の質が良くないと判断した場合、そのハチは帰還後にあまり熱心に宣伝を行いません。8の字ダンスはごく短いものになり、まだ飛び立っていない他のハチたちの目に入る機会も少なくなります。それによって、たまたま生じたエラー（先に飛び立った複数のハチが偶然に良くない場所しか訪れなかったというエラー）が、情報カスケードのように群れ全体に次々に連鎖していくプロセスにストップがかかります。

このように、**「行動の同調」と「評価の独立性」をうまく組み合わせた行動の仕組み**によって、コロニー全体としての優れた遂行が生まれるようです。**このミツバチの行動の仕組み**は、ヒトの社会行動の特徴を考えるうえで、非常に重要なポイントになります。

まず、「ミツバチがエラーを防ぐメカニズム」は「リスト」らの研究から明らかになった事がわかっていますから、「このシミュレーションから、次のような行動の仕組みが、集合知を生み出すことが理論的に明らかになりました」の「次のような行動の仕組み」が「メカニズム」の説明だろうと考えます。

そして、行動の仕組みは二つ説明されます。「行動の同調」と「評価の独立性」です。この二つを組み合わせた仕組みが「ミツバチがエラーを防ぐシステム」だとわかれば正解できます。

ミツバチがエラーを防ぐメカニズム
＝「行動の同調」と「評価の独立性」をうまく組み合わせた行動の仕組み
＝このミツバチの行動の仕組み

ステップ3　正解の選択肢を選ぶ

正解は⑤「ほかのハチの宣伝に同調して巣の候補地を訪れたとしても、その候補地が巣に適しているかどうかの評価は、ほかに同調するのではなく行為者のハチだけで行うので、たまたま発生したエラーも拡散しないで済むというもの。」となります。

他の選択肢を検討してみましょう。①「行為者のハチは、群れ全体の評判に同調して巣の候補地を訪れるのではなく」が誤りです。必要な条件である「行動の同調」が否定されています。

②は「行動の同調」も「評価の独立性」も説明されていないので、誤りとなります。

③「行為者であるハチは集合知に同調するのではなく」が誤りです。「同調」が否定されています。

④は「評価の独立性」が説明されていないため、誤りとなります。

傍線部内容説明問題は、ポイントをとらえてそのポイントがあるから正解、そのポイントがないから誤りというように判断していくと正解することができます。「文章に書いてあるか、書いてないか」で判断をしてはいけません。

「どういうことか」の問題を解く手順

☑①傍線部を含む一文を分析する
☑②ポイントとなる言葉を見つける
☑③本文中に解答の根拠を求める

第6講のまとめ

傍線部のわかりにくい表現を説明している部分を探そう

実践問題6　解答

問1　②
問2　④
問3　⑤

《第7講》

「なぜか」の問題を解くための解答テクニック

所要学習時間 30分

この講を学ぶ意義

「なぜか」という問いは、看護医療の現場で働くとき、最も重要な問いです。「なぜ、患者は苦しんでいるのか」「なぜ、症状が悪化するのか」「なぜ、職場の人間関係がうまく行かないのか」と日々様々な「なぜか」が生じてくるでしょう。そして、この「なぜ」を突き詰めることこそが、「問題解決」であり、「医療」そのものなのです。

この講で身につく読解テクニック

- □「傍線部理由説明問題」を解くためのテクニック
- □「文の構造」をとらえて傍線部の飛躍をとらえるテクニック
- □「飛躍」を埋める「論証」をとらえて傍線部の理由をとらえるテクニック

7-1 「なぜか」という問題は何を問うているのか

「なぜか」という問いは一体何を問うているのでしょうか。一つ例題をやってみましょう。

例題1 **次の文章を読んで、後の問いに答えよ。**

看護医療系の仕事はとても大変だ。しかし、看護医療系の現代文は、簡単だ。簡単というのは手数がかからないという意味だ。看護医療系の現代文には「読み方」と「解き方」がある。そして、その方法は英語や数学などに比べるととても少ない。

問 傍線部「看護医療系の現代文は、簡単だ」とあるが、それはなぜか。次の①～③のうち最も適当なものを選べ。

① 看護医療系の仕事はとても大変だから。
② 簡単というのは手数がかからないという意味だから。
③ 看護医療系の現代文には「読み方」と「解き方」があり、それらはとても少ないから。

「看護医療系の現代文は、簡単だ」と言われたら、「なんで?」と思う人たちもいると思います。その人たちは「看護医療系の現代文は簡単じゃないよ。難しいよ。難しいから勉強しているんだ」と思うでしょう。

では、このときに言葉の意味がわからなくて「なんで?」と思っているのでしょうか。それは違いますよね。「看護医療系の現代文」の意味はわかります。「簡単」という言葉の意味もわかります。

「なんで?」と思うとき、それは「言葉の意味」がわからないのではなく、「言葉と言葉のつながり」がわからないのです。例えば、「看護医療系の現代文」と「簡単」がつながらないときに、「なんで?」というように思うのです。

つまり、「なぜか」という問いは、「つながらない＝飛躍がある」文に対して、その「飛躍」を埋めてくださいという問題なのです。

例えば、「現代文なんて、簡単だ」という文に対して「なんで？」と思っている人は、「小さい頃からの読書経験が重要だ」「センスがない人は勉強しても伸びない」と思っているのです。ですから、「現代文は読み方と解き方がある。そして、その方法は英語や数学などに比べるととても少ない」と説明してあげると、「なるほど！そうなのか」と思ってもらえます。

A → X

「看護医療系の現代文なんて、簡単だ」（なんで？）

↑ Aの説明

「看護医療系の現代文は『読み方』と『解き方』があり、それらはとても少ない」（なるほど！）

「なぜか」の問題では、「飛躍」のある文に対して、「飛躍を埋める説明」を行えば良いということを覚えておきましょう。

以上より、例題の正解は③となります。

他の選択肢を検討してみましょう。①は傍線部の前の文です。前の文とは逆接の接続表現「しかし」でつながっています。ですから、ここは「理由」にはなりません。②は傍線部の後ろに書かれています。しかし、これは「看護医療系の現代文」の説明ではありません。ですから、解答にはなりません。

「なぜか」という問題のポイント

☑ 傍線部に「つながらない部分＝飛躍」がある

☑ 「飛躍」のある文に対して「飛躍を埋める説明＝論証」をする

7-2 「なぜか」の問題を解く手順

次は「なぜか」の問題を解く手順を学びましょう。

現代文では全く同じ文章は出題されません。しかし、「なぜか」という問いはかなりの高確率で出題されます。ですから、どのような文章が出たとしても、「なぜか」の問題は必ず同じ手順で解くということを意識してください。

「なぜか」の問題を解く手順

☑ ① 傍線部を含む一文を分析する

☑ ② ポイントとなる「飛躍＝A→X」を見つける

☑ ③ 本文中に解答の根拠「Aの説明」を求める

①は「一文の構造」を明らかにする作業です。「主語」「述語」はなにか、「修飾部」はどこに係っているかを明らかにしましょう。この作業はあらゆる問題の基本です。「どういうことか」「なぜか」「空所」とすべての問題を解く手順で必ず最初に「一文の構造」を明らかにする作業があります。とくに最初のうちは徹底して意識してください。

②は「飛躍＝A→X」を特定する作業です。「飛躍」は i「主部→述部」ii「修飾部→被修飾部」iii「接続部→文」というところにあります。「一文の構造」にそって「飛躍」をとらえるようにしましょう。

例文1
主部（A）→述部（X）
〈看護医療系の現代文は〉、簡単だ。

例文2
修飾部（X）←被修飾部（A）
［簡単な］　看護医療系の現代文

例文3
接続部（A）→　文（X）
看護医療系の現代文であるならば、それは簡単である。

このように「一文の構造」に注意しながら、どこに飛躍があるのかを考えましょう。また、例文2のようにAとXが逆になる場合は、設問に「『簡単』なのはなぜか」という条件がつく場合もあります。**設問条件をよく読**

んで、どこに帰結すればよいのかを考えましょう。

③は「飛躍（A→X）」に対して、「飛躍を埋める説明（Aの説明）」をとらえるステップです。「Aの説明」であり、「X（結論）」につながる内容を本文中に探し求めましょう。

「なぜか」の問題を解くテクニック

- ☑一文の構造を分析する
- ☑「どことどこの間に飛躍があるか」をとらえる
- ☑「飛躍」を埋めるAの説明を本文中に求める

それでは実践問題を解いていきましょう。

実践問題7　**次の文章を読んで、後の問いに答えよ。**　2020年　東海大学医学部看護学科

エチオピア（注1）での経験から話を始めよう。最初にエチオピアを訪れたのは、もう二十年近く前のことだ。ほとんど海外に出たこともなかった二十歳そこそこのころ。十カ月あまりの滞在期間の大半をエチオピア人に囲まれて過ごした。

それまで、自分はあまり感情的にならない人間だと思っていた。人とぶつかることもそれほどなく、どちらかといえば冷めた少年だった。それが、エチオピアにいるときは、まるで違っていた。

なにをやるにしても、物事がすんなり運ばない。タクシーに乗るにも、物を買うにも、値段の交渉から始まる。町を歩けば、子どもたちにおちょくられ、大人からは質問攻めにあう。調査のために役所を訪れると、「今日は人がいないから明日来い」と何日も引き延ばされる。「ここじゃない、あっちの窓口だ」と、たらいまわしにされる。話がうまくいったと思ったら最後に賄賂《わいろ》を要求される……。

言葉の通じにくさもあって、懸命に身振り手振りを交えて話したり、大声を出して激高してしまったりする自分がいた。

村で過ごしているあいだも、生活のすべてがつねに他人との関わりのなかにあって、ひとりのプライベートな時間など、ほとんどない。いい意味でも、悪い意味でも、つねにある種の刺激にさらされ続けていた。食事のときは、いつもみんなでひとつの大きな皿を囲み、「もっと食べろ」と声をかけあい、互いに気遣いながら食べていた。

村にはまだ電気がなかった。食後はランプの灯りのもとで、おじいさんの話に耳を傾け、息子たちと腹を抱えて笑い転げたり、真顔で驚いたりと、にぎやかで心温まる時間があった。

村のなかにひとり「外国人」がいることで、いろんないざこざが起きて、なぜこんなにうまくいかないんだと、涙が止まらない日もあった。

毎朝、木陰にテーブルを出して、前日の日記をつけるのが日課だった。ふと見上げると、抜けるような青空から木漏れ日がさし、小鳥のさえずりだけが聞こえる。さわやかな風に梢《こずえ》が揺れる。おばあさんが炒《い》るコーヒーのいい香りが漂ってくる。自分はなんて幸せなんだろうと、心からうっとりした。

腹の底から笑ったり、激しく憤慨したり、幸福感に浸ったり、毎日が喜怒哀楽に満ちた時間だった。顔の筋肉も休まることなく、つねにいろんな表情を浮かべていた気がする。

そんな生活を終えて、日本に戻ったとき、①不思議な感覚に陥った。関西国際空港に着くと、すべてがすんなり進んでいく。なんの不自由も、憤りや戸惑いも感じる必要がない。バスのチケットは自動券売機ですぐに買えて、数秒も違わず定刻ぴったりに出発する。動き出したバスに向かって深々とお辞儀する女性従業員の姿に、びっくりして振り返ってしまった。

人との関わりのなかで生じる厄介で面倒なことが注意深く取り除かれ、できるだけストレスを感じないで済むシステムがつくられていた。

おそらく、お辞儀する女性は感情を交えて関わり合う「人」ではなく、券売機の「ご利用ありがとうございます」という機械音と同じ「記号」だった。

つねに心に波風が立たず、一定の振幅におさまるように保たれている。その洗練された仕組みの数々に、逆カルチャーショックを受けた。

そのうち、自分がもとの感情の起伏に乏しい「自分」に戻っていることに気づいた。顔の表情筋の動きも、すっかり緩慢《かんまん》になった。顔つきまで変わっていたかもしれない。いったい、エチオピアにいたときの「自分」は「だれ」だったのだろうか？　そんなことも考えた。

でも日本の生活で、まったく感情が生じないわけではなかった。テレビでは、新商品を宣伝するために過剰なくらい趣向を凝らしたＣＭが繰り返し流され、物欲をかき立てていた。それまで疑問もなく観ていたお笑い番組も、無理に笑うという「反応」を強いられているように思えた。そんなとき、ひとりテレビを観ながら浮かぶ「笑い」は、「感情」と呼ぶにはほど遠い、薄っぺらで、すぐに跡形もなく消えてしまう軽いものだった。

多くの感情のなかで、特定の感情／欲求のみが喚起され、多くは抑制されているような感覚。エチオピアにいるときにくらべ、自分のなかに生じる感情の動きに、ある種の「いびつさ」を感じた。どこか意図的に操作されているようにも思えた。

日本は、感情をコントロールしている社会なのかもしれない。

最初にエチオピアから帰国したときにもった違和感を、いまもときどき思い出すことがある。たぶん急に学生のひとり暮らしに戻ったことも関係していたと思う。

二十年以上を過ごしてきた日本の環境に、わずか十カ月のエチオピア滞在から戻って感じた「ずれ」は、いったいなにを意味しているのだろうか？


（略）


感情を引き起こす刺激には、人とモノの配置やそれらの関係といった文脈全体が含まれている。そこでは、行為する人やそれを見ている人が、どのようにその行為と関わっているのかが重要になる。

「悲しい」という感情を「わかる」ために、鏡で自分の顔を確認したり、心のなかに生起する反応をそのつど脳波モニターで確認したりする必要はない。それらはいずれも文脈を問わない理解の仕方だ。

ある映画をじっと観ている。ストーリーの展開、雰囲気のある音楽、すっと流れ出る涙。こうした人とモノの配置から、ぼくらは自分のなかに生じる「なにか」が「悲しみ」だと疑いなく感じとる。このとき脳内でどういう反応が起きているかは関係ない。

だとしたら、とたんに外的な「刺激」と内的な「反応」という線引き自体があやしくなる。人と対象との関わり方自体が、刺激や反応の意味を決めているからだ。

そして、感情が社会的な文脈で生じるのであれば、②それは自分だけの「こころ」の表現とはいえない。

悲しみや怒りは、ある特定の人やモノの配置にそって意味が確定され、「涙」や「顔の表情」がひとつのリアルな「感情」として理解可能になる。

感情の意味は、さまざまな人やモノとの関わりのなかで決まる。だからこそ、同じ対象や場面でも、違った反応を引き起こすことになる。

（略）

感情は、人やモノの配置／関係のなかで生じ、はじめて理解できるようになる。だから、他人との関係が変われば、感情の生じ方にも違いがでる。苦しんだり、悲しんだりしていたことが、人やモノの関係が少しずれるだけで変わる可能性がある。

前に書いたように、日本では、自然と感情を生じさせるような状況が社会から排除されている。（略）それは人と人とのやりとりを「経済化＝商品交換化」してきた結果でもある。

商品交換は、やりとりの関係を一回で完結／精算させる。「負い目」や「感謝」といったモノのやりとりに生じやすい思いや感情は「なかったこと」にされる。そこで対面する「人」は、脱感情化された交換相手でしかない。与えるべきものを与え、もらうものをもらったら、その関係は終わる。この交換の関係は、コミュニケーションの基盤となる「共感」を抑圧する。

人は、相手がなにを考え、感じているかわからないと、コミュニケーションを始めることができない。道を歩いていると、見覚えのある人がやってくる。名前が思い出せない。相手も自分のことを忘れているかもしれない。ちらちらと様子を見て、こちらに気づかないようであれば、声をかけにくい。

でも、ふと目が合ったとき、相手が笑顔になれば、自然とコミュニケーションが始まる。相手の言葉や表情の意味を読みとる（＝共感する）ことが、その場にふさわしいコミュニケーションを進める鍵となる。

子どもをあやしてふくれっ面をする母親に、「なにを怒っているの！」と咎《とが》める人は、③適切なコミュニケーションができない。表現された感情の意味を感じとるには、他者のしぐさの置かれている文脈に自分自身を同化させる必要がある。

哲学者のメルロ＝ポンティ（注2）は言う。

「他人の身体を知覚するのは、まさに私の身体であり、これはそこに、いわば自分自身の諸志向の奇跡的な延長を、つまり世界を取り扱うなじみ深い仕方を見いだすのである」（『知覚の現象学』法政大学出版局、五七八頁）

感情は、人やモノの配置／関係に沿って生じる。だから、人は、つねにその文脈に寄り添い、他者の身体に生起しているであろう「なにか」を自分のものとして感じ、その意味を読みとろうとする。そうしてはじめて、自分の感情を適切に表現し、相手の感情の意味に沿ったコミュニケーションが可能になる。

自分の思いを表現し、他者の思いに共感する。これは、人類が進化によって獲得してきた卓抜《たくばつ》した能力のひとつだ。人間ほど顔の表情筋が発達している動物はいない。飼い犬の感情を読みとれる人もいるかもしれないが、人間以外の動物は極端に表情に乏しい。

（略）

感情／共感は、ふつうルールに則《のっと》って作動する。このモノのやりとりは「商品交換」ですよ、と値札やレジ、店員の制服といった装置が明示している。そこでは感情や共感が抑制される。同じようにリボンや包装、返礼までの時間差は「贈り物」の印になる。そこには思いや感情が込められていると感じる。まるで配置される人やモノに感情を引き出したり押し込めたりするスイッチが埋め込まれているかのようだ。

いろんなモノや人がひとつの輪としてつながることで、その輪の一部を構成する「わたし」に感情が生じていると言ってもいい。交換や贈与というモノを介したコミュニケーションは、まさにその「輪」をつなげたり、切り離したりする行為なのだ。

（松村圭一郎『うしろめたさの人類学』）

（注1）エチオピア……東アフリカに位置する国。
（注2）メルロ＝ポンティ……フランスの哲学者であるモーリス・メルロ＝ポンティ（一九〇八―一九六一）。

問1 傍線①「不思議な感覚に陥った」とあるが、なぜ筆者はそのような感覚を受けたと考えられるか。次の中から最適のものを選び、記号にマークしなさい。

A かつて日本に住んでいた頃にはなかった快適なシステムがつくられていたことに、衝撃を受けたから。
B なんの不自由や面倒なこともなく、すべてがすんなり進んでいくシステムの素晴らしさに感動したから。
C 人ではなく、バスに向かってまで必要以上に丁寧なお辞儀をする従業員の姿が滑稽《こっけい》に思えたから。
D 日本に帰国して以降、一切の感情を示さず顔つきまで変わってしまった自分自身に対して疑問を感じたから。
E エチオピアとは異なり、操作されているかのように感情を抑制している日本社会の特徴に気づかされたから。

問2 傍線②「それは自分だけの「こころ」の表現とはいえない」とあるが、筆者がそのように考えるのはなぜか。次の中から最適のものを選び、記号にマークしなさい。

A 同じような場面に遭遇すれば、自分以外の人であっても同様の表現を行なうから。

B　自分と他者やモノとの関係性のなかで感情は生じ、意味が決められるから。
C　自分自身の「こころ」の反応を評価し、感情として理解するのは他者だから。
D　感情は自分が主体的に示す反応であるだけではなく、周囲にも大きな影響を与えるから。
E　自分に生じた感情は「こころ」の表現ではなく、表情を伴ったリアルな反応だから。

問3　傍線③「適切なコミュニケーションができない」とあるが、筆者がそのように考えるのはなぜか。次の中から最適のものを選び記号にマークしなさい。

A　周囲の状況や環境に合わせて、自分の感情を抑制することができていないから。
B　表現された思いの意味を感じとって、適切に自分の感情を表現できていないから。
C　他者の感情の生起している身体が、自分自身の文脈に適合していないから。
D　コミュニケーションを進める鍵となる、与えるべきものを与えていないから。
E　他人の行為の文脈に寄り添って、その思いに共感することができていないから。

文章解説

第一意味段落（第一段落～第一九段落）

エチオピアでは毎日が喜怒哀楽に満ちた時間を過ごした。そんな生活を終えて日本に戻ったとき、不思議な感覚に陥った。日本では多くの感情の中で特定の感情・欲求のみが喚起され、多くは抑制されているような感覚を覚える。日本は感情をコントロールしている社会なのかもしれない。

第二意味段落（第二〇段落〜第三九段落）

感情は人とモノの配置やそれらとの関係で生じる。だから、人やモノとの関係が変われば、感情の生じ方にも違いがでる。日本では自然と感情を生じさせるような状況が社会から排除されている。それは人と人とのやりとりを「経済化―商品交換化」してきた結果である。感情／共感はふつうルールに則って作動する。値札やレジ、店員の制服といった装置が「商品交換」であることを明示し、そこでは感情や共感は抑制される。同じようにリボンや包装、返礼までの時間差は「贈り物」の印となり、そこには思いや感情が込められている。

文章の展開

具体例（体験談）

エチオピアでは毎日が喜怒哀楽に満ちた時間を過ごした。

↓

主張

そんな生活を終えて日本に戻ったとき、不思議な感覚に陥った。

↓

根拠

日本では多くの感情の中で特定の感情・欲求のみが喚起され、多くは抑制されているような感覚を覚える。

↓

根拠の詳しい説明

感情／共感はふつうルールに則って作動する。

↓

値札やレジ、店員の制服といった装置が「商品交換」であることを明示し、そこでは感情や共感は抑制される。同じようにリボンや包装、返礼までの時間差は「贈り物」の印となり、そこには思いや感情が込められている。

↓

日本は人と人とのやりとりを「経済化―商品交換化」してきた

↓

日本では自然と感情を生じさせるような状況が社会から排除されている

設問解説

問1

ステップ1　傍線部を含む一文の分析

まずは傍線部を含む一文の構造を確認しましょう。

そんな生活を終えて、日本に戻ったとき、①不思議な感覚に陥った。

A → X

文の構造をとらえると、「そんな生活を終えて、日本に戻ったとき」と「不思議な感覚に陥った」との間に飛躍があるとわかります。日本に戻ったら、普通は日常に戻りますよね。なのに筆者は「不思議な感覚」になっているのです。

そして、「A」の部分を見てみると、「そんな生活」「日本」という言葉がありますから、この説明を求めましょう。

ステップ2　解答の根拠を探す

周囲の文章を見てみましょう。

エチオピア（注1）での経験から話を始めよう。最初にエチオピアを訪れたのは、もう二十年近く前のことだ。ほとんど海外に出たこともなかった二十歳そこそこのころ。十カ月あまりの滞在期間の大半をエチオピア人に囲まれて過ごした。

（中略）

腹の底から笑ったり、激しく憤慨したり、幸福感に浸ったり、毎日が喜怒哀楽に満ちた時間だった。顔の筋肉も休まることなく、つねにいろんな表情を浮かべていた気がする。

そんな生活を終えて、日本に戻ったとき、①不思議な感覚に陥った。関西国際空港に着くと、すべてがすんなり進んでいく。なんの不自由も、憤りや戸惑いも感じる必要がない。バスのチケットは自動券売機ですぐに買えて、数秒も違わず定刻ぴったりに出発する。動き出したバスに向かって深々とお辞儀する女性従業

員の姿に、びっくりして振り返ってしまった。

（中略）

多くの感情のなかで、特定の感情／欲求のみが喚起され、多くは抑制されているような感覚。エチオピアにいるときにくらべ、自分のなかに生じる感情の動きに、ある種の「いびつさ」を感じた。どこか意図的に操作されているようにも思えた。

日本は、感情をコントロールしている社会なのかもしれない。

「そんな生活」とは「エチオピアでの生活」です。日本の生活との比較をまとめると、「不思議」であることがわかります。

根拠（差異）

エチオピア

毎日が喜怒哀楽に満ちた時間だった。顔の筋肉も休まることなく、つねにいろんな表情を浮かべていた気がする。

↔

日本

多くの感情のなかで、特定の感情／欲求のみが喚起され、多くは抑制されているような感覚。

↓

結論

不思議な感覚に陥った。

この「根拠（差異）」から、「結論」という論証をとらえた上で、解答を選びましょう。

ステップ3　正解の選択肢を選ぶ

正解はE「エチオピアとは異なり、操作されているかのように感情を抑制している日本社会の特徴に気づかされたから。」となります。「エチオピア」と「日本」の「差異」が説明されている選択肢はこれしかありません。

他の選択肢を健闘してみましょう。A「快適なシステムがつくられていた」B「すべてがすんなり進んでいくシステムの素晴らしさ」C「人ではなく、バスに向かってまで必要以上に丁寧なお辞儀をする従業員の姿」は今回とらえた「差異」がありませんので、誤りです。D「日本に帰国して以降、一切の感情を示さず顔つきまで変わってしまった自分自身」はいいのですが、エチオピアとの「差異」がありません。ですから誤りとなります。

問2

ステップ1　傍線部を含む一文の分析

まずは傍線部を含む一文の構造を確認しましょう。

接続部　A　↓　X　主語　述部

そして、感情が社会的な文脈で生じるのであれば、②〈それは〉自分だけの「こころ」の表現とはいえない。

文の構造をとらえると、「感情が社会的な文脈で生じる」と「自分だけの『こころ』の表現とはいえない」の間に飛躍があるとわかります。

ですから、「感情が社会的な文脈で生じる」の説明を求めましょう。

ステップ2　解答の根拠を探す

周囲の文章を見てみましょう。


感情を引き起こす刺激には、人とモノの配置やそれらの関係といった文脈全体が含まれている。そこでは、行為する人やそれを見ている人が、どのようにその行為と関わっているのかが重要になる。「悲しい」という感情を「わかる」ために、鏡で自分の顔を確認したり、心のなかに生起する反応をそのつど脳波モニターで確認したりする必要はない。それらはいずれも文脈を問わない理解の仕方だ。ある映画をじっと観ている。ストーリーの展開、雰囲気のある音楽、すっと流れ出る涙。こうした人とモノの配置から、ぼくらは自分のなかに生じる「なにか」が「悲しみ」だと疑いなく感じとる。このとき脳内でどういう反応が起きているかは関係ない。

だとしたら、とたんに外的な「刺激」と内的な「反応」という線引き自体があやしくなる。人と対象との関わり方自体が、刺激や反応の意味を決めているからだ。

そして、**感情が社会的な文脈で生じる**のであれば、②〈**それは**〉自分だけの「こころ」の表現とはいえない。悲しみや怒りは、ある特定の人やモノの配置にそって意味が確定され、「涙」や「顔の表情」がひとつのリアルな「感情」として理解可能になる。

感情の意味は、さまざまな人やモノとの関わりのなかで決まる。だからこそ、同じ対象や場面でも、違っ

……た反応を引き起こすことになる。……

「感情が社会的な文脈で生じる」というのは「感情を引き起こす刺激には、人とモノの配置やそれらの関係といった文脈全体が含まれている」「感情の意味は、さまざまな人やモノとの関わりのなかで決まる」という部分を読めばわかります。「感情はさまざまな人やモノとの関係によって生じている」のですから、「自分だけのものではない」とつながりますね。まとめると次のようになります。

根拠 感情はさまざまな人とモノの配置やそれらの関係といった文脈によって生じる
↓
結論 感情は自分だけの「こころ」の表現とはいえない

以上の論証をふまえて正解を選びましょう。

ステップ3 正解の選択肢を選ぶ

正解はB「自分と他者やモノとの関係性のなかで感情は生じ、意味が決められるから。」となります。

他の選択肢を検討してみましょう。AとEは「社会的な文脈」の説明になっていませんので、誤りです。C「評価し、感情として理解するのは他者」が誤りです。D「感情は～周囲にも大きな影響を与える」が誤りです。「他者との関係性によって感情が生じる」のです。

問3

ステップ1　傍線部を含む一文の分析

まずは傍線部を含む一文の構造を確認しましょう。

主部　A
〈子どもをあやしてふくれっ面をする母親に、「なにを怒っているの！」と咎《とが》める人は〉、
←
述部　X
③適切なコミュニケーションができない。

文の構造をとらえると、「子どもをあやしてふくれっ面をする母親に、『なにを怒っているの！』と咎《とが》める人は」という部分と、「適切なコミュニケーションができない」という部分に飛躍があります。「子どもをあやしてふくれっ面をする母親に、『なにを怒っているの！』と咎《とが》める人」の説明を求めましょう。

ステップ2　解答の根拠を探す

周囲の文章を見てみましょう。

人は、相手がなにを考え、感じているかわからないと、コミュニケーションを始めることができない。道を歩いていると、見覚えのある人がやってくる。名前が思い出せない。相手も自分のことを忘れているかもしれない。ちらちらと様子を見て、こちらに気づかないようであれば、声をかけにくい。でも、ふと目が合ったとき、相手が笑顔になれば、自然とコミュニケーションが始まる。**相手の言葉や表情の意味を読みとる（＝共感する）ことが、その場にふさわしいコミュニケーションを進める鍵となる。****〈子どもをあやしてふくれっ面をする母親に、「なにを怒っているの！」と咎《とが》める人は〉、**①**適切なコミュニケーションができない。**表現された感情の意味を感じとるには、他者のしぐさの置かれている文脈に自分自身を同化させる必要がある。

まず、「子どもをあやしてふくれっ面をする母親に、『なにを怒っているの！』と咎める人」は「相手がなにを考え、感じているかわからない」人だとわかります。それは「相手の言葉や表情の意味を読みとる（＝共感する）こと」人の反対だということもわかります。ここでとらえた「Aの説明」をまとめると次のようになります。

根拠①

相手の言葉や表情の意味を読みとる（＝共感する）ことが、その場にふさわしいコミュニケーションを進める鍵となる

＋

根拠②

子どもをあやしてふくれっ面をする母親に、「なにを怒っているの！」と咎める人は、相手の言葉や表情の

意味を読みとる（＝共感する）ことができていない
↓
結論
適切なコミュニケーションができない

ステップ3　正解の選択肢を選ぶ

正解はE「他人の行為の文脈に寄り添って、その思いに共感することができていないから。」となります。

他の選択肢を検討してみましょう。A「自分の感情を抑制することができていない」B「適切に自分の感情を表現できていない」C「他者の感情の生起している身体が、自分自身の文脈に適合していない」が誤りです。「共感ができていない」になっていません。D「コミュニケーションを進める鍵となる、与えるべきもの」が誤りです。「コミュニケーションの鍵となるもの」は「共感」です。

理由説明問題はなんとなく周りに書かれていることを答えるといった考え方では正解することができません。「飛躍」をとらえ、「飛躍」を埋める説明をするという意識を持つようにしましょう。

「なぜか」の問題を解く手順

☑ ①傍線部を含む一文を分析する
☑ ②ポイントとなる「飛躍＝A→X」を見つける
☑ ③本文中に解答の根拠「Aの説明」を求める

第7講のまとめ

主張の飛躍を埋める説明を探そう

実践問題7　解答

問1　E
問2　B
問3　E

第8講

「空所」の問題を解くための解答テクニック

所要学習時間
60分

この講を学ぶ意義

看護医療系の仕事の現場では様々な文書でやり取りする場面があります。中には手書きの文書で文字が判然としない場合もあります。また、カルテにはドイツ語などの外国語のことばが登場する場合もあります。そのような場合でも、前後関係からどのようなことばなのかを判断しなければいけません。「空所」の問題は一文の構造、文と文の関係、段落の構造など文章構造を利用してどのような言葉が来るべきなのかを推理する、文脈推理力を問う問題なのです。

この講で身につく読解テクニック

□「空所補充問題」を解くためのテクニック
□「文の構造」から文脈をとらえるテクニック

8-1 「空所」という問題は何を問うているのか

「空所に語句を補充せよ」という問いは一体何を問うているのでしょうか。一言で空所補充問題と言っても補充することばの種類によって考え方が変わってきます。まずは補充することばの種類を確認しましょう。

空所補充問題で補充することば

☑ 接続表現（接続詞、副詞など）
☑ 語句（重要語、慣用表現など）

「接続表現」に関しては第2講で扱いましたから、第8講では「語句」補充問題について考えていきましょう。

「空所」というのは「わからないことば」と基本的には同じです。次の例文を見てください。

例文1 **カルチとは、上皮細胞由来の悪性腫瘍を指す。**

「カルチ」ということばを見ても、何のことだかわかりませんよね。でも、「カルチとは」が主語で、「上皮細胞由来の悪性腫瘍を指す」が述部になっています。**「主語」の説明をするのが「述部」の働き**ですから、「述部」をみて「カルチ」の意味を判断すればよいのです。

それでは次の例文も見てください。

例文2　**X とは、2020年になってから世界的大流行を起こした感染症である。**

ことばの意味がわからない場合と、そこが X になっている場合は、考え方にさほど違いがありません。X が主語になっているから、述部の説明を見てどんな言葉が来るかを考えるという点では同じです。今回は「2020年になってから世界的大流行を起こした感染症である」という述部が X の説明になっているとわかれば、X に入るのは「新型コロナウィルス感染症」であることがわかると思います。

空所補充問題は文の構造をとらえて、解答の根拠を求めるということが求められていると考えてください。

「空所」という問題のポイント

☑ 空所を含む一文の構造をとらえる

8-2 「空所」の問題を解く手順

次は「空所」の問題を解く手順を学びましょう。

今までの問題と同様に「空所」も必ず一定の手順で攻略するようにしましょう。全く同じ問題ではないからこそ、同じフォームを意識することが重要です。

「空所」の問題を解く手順

☑ ①空所を含む一文を分析する
☑ ②文構造から空所の説明をしている部分を求める
☑ ③本文中に解答の根拠を求める

①は「一文の構造」を明らかにする作業です。これはもう大丈夫ですね。

②は文構造から「空所」の説明をしている部分を特定する作業です。基本的には「主語―述語」の関係、「修飾―被修飾」の関係から「空所」の説明部分を特定します。

例文3

主部 → 述部（説明）

［X］とは、2020年になってから世界的大流行を起こした感染症である。

例文4

修飾部（説明） → 被修飾部

［2020年になってから世界的大流行を起こした］［X］

③は似た構造の文を根拠にして解答を特定する方法です。例文で確認してみましょう。

例文5

それはインフルエンザではなく、X である。

（中略）

やはりインフルエンザではなく、新型コロナウィルス感染症である。

このように空所を含む一文に「AではなくB」とある場合、似たような構造の文を探すとそこが根拠となります。**周りの文に解答の根拠を求める時は「似たような構造の文」を探すと良いでしょう。**

「空所」の問題を解くテクニック

- ☑ 一文の構造を分析する
- ☑「どの部分が空所の説明をしているのか」をとらえる
- ☑「空所のある文と似たような構造の文」本文中に求める

それでは実践問題を解いていきましょう。

実践問題8　**次の文章を読んで、後の問いに答えよ。**

2019年　岩手医科大学看護学部

戦後しばらくのころ、アメリカで対潜水艦兵器の開発に力を入れていた。それには、A 、潜水艦の機関音をとらえる優秀な音波探知器をつくる必要があった。

そういう探知器をつくろうとしていろいろ実験していると、潜水艦から出ているのではない音がきこえる。［B］、それが規則的な音響である。この音源はいったいなにか、ということになって、調べてみると、これが何と、イルカの交信であった。

それまでイルカの《ことば》についてはほとんど何もわかっていなかったのに、これがきっかけになって、一挙に注目をあつめる研究課題としておどり出た。

［C］、兵器の開発が目標だったはずである。それが思いもかけない偶然から、まったく別の新しい発見が導かれることになった。こういう例は、研究の上では、古くから、決して珍しくない。

科学者の間では、こういう（　X　）のようにして生れる発見、発明のことを、セレンディピティと呼んでいる。ことにアメリカでは、日常会話にもしばしば出るほどになっている。自然科学の世界はともかく、わが国の知識人の間でさえ、セレンディピティということばをきくことがすくないのは、一般に創造的思考への関心が充分でないことを物語っているのかもしれない。

遠くにいる潜水艦の機関音をキャッチしようという研究から、イルカの交信音をとらえたのが、とくにすぐれたセレンディピティだというわけではないし、特筆すべきほど目立った例でもない。ただ、ここではひとつの例としてあげたまでである。発見、発明において、セレンディピティによるものはおびただしい。

［D］、このセレンディピティということばの由来が、ちょっと変わっている。

十八世紀のイギリスに、「セイロンの三王子」という童話が流布していた。この三王子は、よくものをなくして、さがしものをするのだが、ねらうものはいっこうにさがし出さないのに、まったく予期していないものを掘り出す名人だった、というのである。

この童話をもとにして、文人で政治家のホレス・ウォルポールという人が、セレンディピティ（serendipity）

という語を新しく造った。人造語である。

そのころ、セイロン（いまのスリランカ）はセレンディップと言われていた。セレンディピティというのは、セイロン性といったほどの意味になる。以後、目的としていなかった副次的に得られる研究成果がひろくこの語で呼ばれることになった。

大げさな発見などではないけれども、セレンディピティ的現象は、日常の生活でもときどき経験する。

机の上が混乱して、いろいろなものが、さがしてもなかなか見つからなくなっているようなとき、返事をしなくてはならなかった手紙のことを思い出す。その手紙が見当らないから、あちらこちらひっくりかえしてさがすが、出てこない。［E］、先日、やはり、さがして、どうしても見つからず、なくしてしまったかと思っていた万年筆がひょっこり出てくる。前によくさがしたはずなのに、なぜか目に入らなかったのである。それが、さがしてもいないときに、出てくる。これも、セレンディピティの一種である。

もうすこし心理的なセレンディピティもよく経験する。

学生なら、明日は試験という日の夜、さあ、準備の勉強をしなくてはと机に向う。［F］、何でもない本が目に入る。手がのびる。開いて読み始めると、これが思いのほかおもしろい。ほんの気まぐれに開いた本である。［G］読みふけったりしようという気持ちなどまったくないのに、なかなかやめられない。

その本というのが、ふだんは見向きもしない堅苦しい哲学書だったりするから不思議である。ほんのちょっとと思ってのぞいた本に魅入られて、二十分、三十分と読みふけり、一夜漬の計画が大きく狂う。これに類する経験が一度もなかった、という学生生活はすくないのではないかとさえ思われる。

こういうことがきっかけになって、新しい関心の芽が出る場合もある。それならりっぱにセレンディピティである。

アナロジーという思考法も、セレンディピティとの関係で考えなおすことができる。ことばの非連続の連続を考えていて、ものごとには、慣性の法則がはたらいているという問題に目をひらかれる。それによって、目指す問題を解こうとするのは、変形したセレンディピティであるとしてよい。比喩とか、たとえ、というのも、対象そのものの究明をひとまずおいて、まったく違うものの関係を発見し、類推を成立させる。

中心的関心よりも、[H]、周辺的関心の方が活潑《かっぱつ》に働くのではないかと考えさせるのが、セレンディピティ現象である。視野の中央部にあることは、もっともよく見えるはずである。[I]皮肉にも、見えているはずなのに、見えていないことがすくなくない。すでに前にも引き合いに出している（　Y　）は、それを別の角度から言ったものである。

考えごとをしていて、テーマができても、いちずに考えつめるのは賢明でない。しばらく寝させ、あたためる必要がある、とのべた。これも、対象を正視しつづけることが思考の自由な働きをさまたげることを心得た人たちの思い付いた知恵であったに違いない。

視野の[J]にありながら、見えないことがあるのに、それほどよく見えるとはかぎらない[K]部のものの方がかえって目をひく。そこで、[L]部にあるテーマの解決が得られないのに、[M]部に横たわっている、予期しなかった問題が向うから飛び込んでくる。

寝させるのは、[N]部においてはまずいことを、しばらくほとぼりをさまさせるために、[O]部へ移してやる意味をもっている。そうすることによって、目的の課題を、セレンディピティをおこしやすいコンテクストで包むようになる。人間は意志の力だけですべてをなしとげるのは難しい。無意識の作用に負う部分がときにはきわめて重要である。セレンディピティは、われわれにそれを教えてくれる。

（外山滋比古『思考の整理学』による）

〔注〕
アナロジー＝類似しているものから推し量ること。
慣性の法則＝ニュートンの運動の第一法則。物体は外からの力の作用を受けない限り、静止または等速度運動を続けるというもの。
コンテクスト＝文脈。

問1　空欄［A］～［I］に当てはまる語を次の中から選び、記号で答えよ。ただし、同じ語が重複して当てはまる場合がある。

ア　ところで　　イ　すると　　ウ　なぜなら　　エ　まず
オ　むしろ　　カ　しかも　　キ　ところが　　ク　もちろん
ケ　もともとは

問2　空欄［J］～［O］には「中心」または「周辺」のどちらかの語が入る。それぞれどちらの語が入るかを記せ。

問3　空所（　X　）と（　Y　）に当てはまる慣用句として最も適当なものを次の中から選び、記号で答えよ。

ア　いざ鎌倉　　イ　玉の輿に乗る

ウ　犬も歩けば棒に当たる　　エ　見つめる鍋は煮えない
オ　玉磨かざれば光なし　　カ　急がば回れ
キ　行きがけの駄賃　　ク　無理も通れば道理になる

文章解説

第一意味段落（第一段落～第六段落）「セレンディピティ」とは

アメリカで対潜水艦兵器の開発のために、音波探知機を作る必要があった。その音波探知機によってイルカの交信の存在に気が付き、新たな研究課題となった。このようにある研究から偶然生まれてくる、まったく別の新しい発見・発明のことをセレンディピティと呼んでいる。わが国の知識人の間でこの言葉をきくことが少ないのは、創造的思考への関心が十分でないことを物語っているのかもしれない。

第二意味段落（第七段落～第一〇段落）「セレンディピティ」の由来

十八世紀のイギリスに「セイロンの三王子」という童話が流布していたが、この三王子はよく物をなくしてさがしものをするのだが、狙うものは探し出さないのに全く予期しないものを掘り出す名人であった。セイロンはセレンディップと呼ばれていたので、セレンディピティという言葉で、目的としていなかった副次的に得られる研究成果のことを呼ぶようになった。

第三意味段落（第一一段落～第一八段落）様々な「セレンディピティ」

セレンディピティ的現象は日常の生活の中でも時々経験する。机の上で手紙を探していたらなくしていた万年筆が出てくるといったこともセレンディピティの一種である。また、試験勉強をしなければいけない学生がふと目に止まった本を読みふけってしまうということも心理的なセレンディピティである。アナロジーという思考法もセレンディピティの一種である。

第四意味段落（第一九段落～第二三段落）「セレンディピティ」は人間の無意識を表している

中心的関心よりも、むしろ、周辺的関心のほうが活潑に働くのではないかと考えさせられるのが、セレンディピティ現象である。視野の中心にあるものは見えないことがあるが、視野の周辺にあるものがかえって目を引くことがある。人間は意志の力だけですべてを成し遂げるのが難しい。無意識の作用に負う部分が極めて重要になる。

文章の展開

具体例

アメリカで対潜水艦兵器の開発のために、音波探知機を作る必要があった。その音波探知機によってイルカの交信の存在に気が付き、新たな研究課題となった。

↓

主張

このようにある研究から偶然生まれてくる、まったく別の新しい発見・発明のことをセレンディピティと呼んでいる。

↓

話題転換

「セレンディピティ」は「セイロンの三王子」という童話が由来

↓

具体例

・机の上で手紙を探していたらなくしていた万年筆が出てくる
・試験勉強をしなければいけない学生がふと目に止まった本を読みふけってしまう
・「比喩」「たとえ」といったアナロジーという思考法

↓

まとめ

セレンディピティ的現象は中心的関心よりも、むしろ、周辺的関心のほうが活潑に働くのではないかと考えさせられる

↓

結論

人間は意志の力だけですべてを成し遂げるのが難しい。
無意識の作用に負う部分が極めて重要になる。

設問解説

問1　A

ステップ1　空所を含む一文の分析

まずは空所を含む一文の構造を確認しましょう。

修飾部　［それには］、A、　主部〈潜水艦の機関音をとらえる優秀な音波探知器をつくる必要が〉　述語 あった。

文の構造をとらえると、「潜水艦の機関音をとらえる優秀な音波探知器をつくる必要が」が主部で、「あった」が述語だとわかります。空所の前は「それには」という修飾部なので、空所には副詞が入るとわかります。

ステップ2　解答の根拠を探す

次に解答の根拠を本文中に求めましょう。

戦後しばらくのころ、アメリカで**対潜水艦兵器の開発**に力を入れていた。［**それ**には］、A、〈潜水艦の機関音をとらえる優秀な音波探知器をつくる必要が〉あった。

「それ」の指示内容を求めると、「対潜水艦兵器の開発」だとわかります。指示内容を代入すると、「対潜水艦兵器の開発には、 A 、潜水艦の機関音をとらえる優秀な音波探知器をつくる必要があった」となります。ここで順序を整理してみましょう。

①潜水艦の機関音をとらえる優秀な音波探知器をつくる
←
②対潜水艦兵器の開発

ここで整理した内容をふまえて、正解を選びましょう。

ステップ3　正解の選択肢を選ぶ

正解はエ「まず」となります。「まず」は順序の最初を表す副詞です。他の選択肢を検討してみましょう。ケ「もともとは」以外は接続表現なので、ここは候補になりません。「もともとは」は順序の最初を表すのではなく、「元来、本来」の意味です。

問1 B

ステップ1　空所を含む一文の分析

まずは空所を含む一文の構造を確認しましょう。

主語　　**述部**

［Ｂ］、〈それが〉規則的な音響である。

文の構造をとらえると、「それが」が主部で、「規則的な音響である」が述語だとわかります。空所は文頭にあるので、前の文との関係をしめす接続表現が入ると考えることができます。

ステップ2　解答の根拠を探す

次に解答の根拠を本文中に求めましょう。

そういう探知器をつくろうとしていろいろ実験していると、**潜水艦から出ているのではない音**がきこえる。［Ｂ］、それが**規則的な音響**である。この音源はいったいなにか、ということになって、調べてみると、これが何と、イルカの交信であった。

「それ」の指示内容を求めると、「潜水艦から出ているのではない音」だとわかります。ここで順序を整理してみましょう。

①潜水艦から出ているのではない音がきこえる。
↓
②それが規則的な音響である。

二文とも「音」についての説明をしていますが、「同じ」でも「反対」でもないため、新たな情報を付け加えて並べているとわかります。

ステップ3　正解の選択肢を選ぶ

正解はカ「しかも」となります。「しかも」は並列を表す接続表現です。
他の選択肢は「並列」ではありません。

問1　C

ステップ1　空所を含む一文の分析

まずは空所を含む一文の構造を確認しましょう。

……………
主部　述語
C、〈兵器の開発が〉目標だったはずである。
……………

文の構造をとらえると、「兵器の開発が」が主部で、「目標だったはずである」が述語だとわかります。空所は文頭にあるので、前の段落との関係を示す接続表現があるのではないかと考えて、解答の根拠をとらえましょう。

ステップ2　解答の根拠を探す

次に解答の根拠を本文中に求めましょう。

それまでイルカの《ことば》についてはほとんど何もわかっていなかったのに、これがきっかけになって、一挙に注目をあつめる研究課題としておどり出た。 C 、兵器の開発が目標だったはずである。

前文を見ると、「イルカの《ことば》が一挙に注目をあつめる研究課題としておどり出た」という内容になっています。空所のある文との関係性を考えてみましょう。

①イルカの《ことば》が一挙に注目をあつめる研究課題としておどり出た
←
②兵器の開発が目標だったはずである

①よりも②のほうが本来の目標であったということがわかります。このことを踏まえて正解を選びましょう。

ステップ3　正解の選択肢を選ぶ

正解はケ「もともとは」となります。「もともとは」は「元来、本来」の意味でしたね。他の接続表現では①よりも②のほうが前にあったということを表せないので、ここは副詞の「もともとは」を入れます。

問1 D

ステップ1 空所を含む一文の分析

まずは空所を含む一文の構造を確認しましょう。

主部：D、〈このセレンディピティということばの由来が〉、
述部：ちょっと変わっている。

文の構造をとらえると、「このセレンディピティということばの由来が」が主部で、「ちょっと変わっている」が述部だとわかります。段落の頭にありますので、前の段落との関係を考えましょう。

ステップ2 解答の根拠を探す

次に解答の根拠を本文中に求めましょう。

遠くにいる潜水艦の機関音をキャッチしようという研究から、イルカの交信音をとらえたのが、とくにすぐれたセレンディピティだというわけではないし、特筆すべきほど目立った例でもない。ただ、ここではひとつの例としてあげたまでである。**発見、発明において、セレンディピティによるものはおびただしい**。

D、**このセレンディピティということばの由来が、ちょっと変わっている**。

前文は「セレンディピティ」というものが多くあることが説明されています。空所のある文と並べてみましょう。

①発見、発明において、セレンディピティによるものはおびただしい
↓
②このセレンディピティということばの由来が、ちょっと変わっている

空所の後の文は「セレンディピティ」ということばの由来に話題が移っています。

ステップ3　正解の選択肢を選ぶ

正解はア「ところで」となります。「ところで」は「話題転換」の接続表現です。

問1　E

ステップ1　空所を含む一文の分析

まずは空所を含む一文の構造を確認しましょう。

　　主部
E、〈先日、やはり、さがして、どうしても見つからず、なくしてしまったかと思っていた万年筆が〉

述語
ひょっこり出てくる。

文の構造をとらえると、「先日、やはり、さがして、どうしても見つからず、なくしてしまったかと思っていた万年筆が」が主部で、「ひょっこり出てくる」が述語だとわかります。空所は文頭にあるので、前文との関係をとらえましょう。

ステップ2　解答の根拠を探す

次に解答の根拠を本文中に求めましょう。

大げさな発見などではないけれども、**セレンディピティ的現象**は、日常の生活でもときどき経験する。（机の上が混乱して、いろいろなものが、さがしてもなかなか見つからなくなっているようなとき、返事をしなくてはならなかった手紙のことを思い出す。その手紙が見当らないから、あちらこちらひっくりかえしてさがすが、出てこない。［E］、先日、やはり、さがして、どうしても見つからず、なくしてしまったかと思っていた万年筆がひょっこり出てくる。前によくさがしたはずなのに、なぜか目に入らなかったのである。それが、さがしてもいないときに、出てくる。［これも］、**セレンディピティ**の一種である。）

具体例

空所のある文は「セレンディピティ」の具体例であり、前の文は「手紙を探す」という内容になっています。この内容を整理すると次のようになります。

「セレンディピティ」＝「①何かを探求すると、②目的としていたものでないものが見つかる」
↑
具体例
↑
①その手紙が見当らないから、あちらこちらひっくりかえしてさがす
↓
②先日、やはり、さがして、どうしても見つからず、なくしてしまったかと思っていた万年筆がひょっこり出てくる

「何かを探求すると、目的としていたものでないものが見つかる」という「セレンディピティ」の具体例であることを考えると、正解が見えてきます。

ステップ3　正解の選択肢を選ぶ

正解はイ「すると」となります。「すると」は順接の接続表現です。

問1 F

ステップ1　空所を含む一文の分析

まずは空所を含む一文の構造を確認しましょう。

主部　　　述部
F 、〈何でもない本が〉目に入る。

文の構造をとらえると、「何でもない本が」が主部で、「目に入る」が述語だとわかります。前の文との関係を捉えましょう。

ステップ2　解答の根拠を探す

次に解答の根拠を本文中に求めましょう。

もうすこし心理的なセレンディピティもよく経験する。（学生なら、明日は試験という日の夜、さあ、準備の勉強をしなくてはと机に向う。F 、何でもない本が目に入る。手がのびる。開いて読み始めると、これが思いのほかおもしろい。ほんの気まぐれに開いた本である。G 読みふけったりしようという気持ちなどまったくないのに、なかなかやめられない。）

具体例

空所のある文は「セレンディピティ」の具体例であり、前の文は「試験勉強」の内容になっています。この内容を整理すると次のようになります。

「セレンディピティ」＝「①何かを探求すると、②目的としていたものでないものが見つかる」
↓

具体例
①明日は試験という日の夜、さあ、準備の勉強をしなくてはと机に向う
↑
②何でもない本が目に入る

ここで整理した内容をふまえて、正解を選びましょう。

ステップ3　正解の選択肢を選ぶ

正解はイ「すると」となります。「すると」は順接の接続表現です。今回の問題は同じ選択肢を選んでも良いということなので、注意してください。

実は、先程の［E］と同じ構造になっていたことに気が付きましたか？　両方とも「セレンディピティ」の具体例です。このように**同じ構造に気がつくことも空所補充問題では重要です**。

問1［G］

ステップ1　空所を含む一文の分析

まずは空所を含む一文の構造を確認しましょう。

……

［G］読みふけったりしようという気持ちなどまったくない［のに］、なかなかやめられない
（逆接）

……

文の構造をとらえると、逆接の「のに」で文がつながっています。逆接が使われているときには「譲歩」なのではないかと考えると良いでしょう。

ステップ2　解答の根拠を探す

次に解答の根拠を本文中に求めましょう。

もうすこし心理的な**セレンディピティ**[も]よく経験する。（具体例　学生なら、明日は試験という日の夜、さあ、準備の勉強をしなくてはと机に向う。[F]、何でもない本が目に入る。手がのびる。開いて読み始めると、これが思いのほかおもしろい。ほんの気まぐれに開いた本である。[G]読みふけったりしようという気持ちなどまったくないのに、なかなかやめられない。）

前の文との関係を整理してみましょう。

[譲歩]
①ほんの気まぐれに開いた本である
←
②読みふけったりしようという気持ちなどまったくない
×[のに]、
なかなかやめられない

①の内容は②の前半と同じような内容です。②の後半は「逆接」でつながって、反対の内容になっています。やはり「譲歩」だと考えて、正解を選びましょう。

ステップ3　正解の選択肢を選ぶ

正解はク「もちろん」となります。**「確かに」「もちろん」「なるほど」「むろん」はその後に逆接が来ると、「譲歩」になる**ということを覚えておきましょう。

問1　H

ステップ1　空所を含む一文の構造の分析

まずは空所を含む一文の構造を確認しましょう。

主部　**述語**

〈中心的関心よりも、H、周辺的関心の方が活潑《かっぱつ》に働くのではないかと考えさせるのが〉、セレンディピティ現象である。

文の構造をとらえると、「Aよりも、Bの方が」という「比較」のカタチになっています。このカタチを根拠にして解答を選びましょう。

ステップ2　正解の選択肢を選ぶ

正解はオ「むしろ」となります。「Aよりも、むしろB」「Aではなく、むしろB」という反対のものと「比較」するカタチはよく出るので覚えておきましょう。

問1 Ⅰ

ステップ1　空所を含む一文の分析

まずは空所を含む一文の構造を確認しましょう。

……………

Ⅰ皮肉にも、見えているはずなのに、〈見えていないことが〉すくなくない。

主部　述語

……………

文の構造をとらえると、「見えていないことが」が主部、「すくなくない」が述語になっています。前の文との関係をとらえましょう。

ステップ2　正解の選択肢を選ぶ

周囲から解答の根拠を探しましょう。

……………

視野の中央部にあることは、もっともよく見えるはずである。Ⅰ皮肉にも、見えているはずなのに、見えていないことがすくなくない。

……………

前の文を見ると「もっともよく見えるはず」という反対の内容が書かれています。この内容を整理すると、次のようになります。

①視野の中央部にあることは、もっともよく見えるはずである。
×
②皮肉にも、見えているはずなのに、見えていないことがすくなくない。

前と反対の内容になっていることをふまえて、正解を選びましょう。

ステップ3　正解の選択肢を選ぶ

正解はキ「ところが」となります。反対の内容をつなぐのは「逆接」でしたね。

問2

ステップ1　空所を含む一文の分析

まずは空所を含む一文の構造を確認しましょう。

視野の J にありながら、見えないことがある
×のに、
それほどよく見えるとはかぎらない K 部のものの方がかえって目をひく。

文の構造をとらえると、逆接の「のに」の前後が反対になっていることがわかります。ですから、J と K には反対の言葉が入るとわかります。そして、「Aすると、かえってB」というカタチが使われています。これは「逆説」というカタチです。「**逆説」とは「一見矛盾しているようだが、一面の真理を言い表している文**」のことです。ですから、「**Aすると、かえってB」のAとBは「一見矛盾するカタチ」になる**と考えてください。

…………

そこで、L 部にあるテーマの解決が得られない

×のに、

M 部に横たわっている、予期しなかった問題が向うから飛び込んでくる。

…………

こちらも文の構造をとらえると、「のに」という逆接が使われていますから、L と M には反対の言葉が入るとわかります。また、「L 部にあるテーマの解決が得られない」というのは「見えない」とおなじですから、J と L には同じ言葉、K と M には同じ言葉が入るとわかります。

…………

寝させるのは、N 部においてはまずいことを、しばらくほとぼりをさまさせるために、O 部へ移してやる意味をもっている。

…………

こちらの文の構造をとらえると「N 部においてはまずいことを、しばらくほとぼりをさまさせるために、O 部へ移してやる」とあり、「N 部から O 部へ」移動することがわかります。ですから、N と O は反対の言葉が入るとわかります。

ここまででわかった関係を整理しておきましょう。

J = L		N
↕　　↕		↕
K = M		O

ステップ2　解答の根拠を探す

周囲から解答の根拠を探しましょう。

中心的関心[よりも]、[　H　]、**周辺的関心**の[方が]活潑《かっぱつ》に働くのではないかと考えさせるのが、セレンディピティ現象である。**視野の中央部にあることは、もっともよく見えるはずである。**[　I　]**皮肉にも、見えているはずなのに、見えていないことがすくなくない。**すでに前にも引き合いに出している（　Y　）は、それを別の角度から言ったものである。

（中略）

視野の[　J　]**にありながら、見えないことがある**[のに、]それほどよく見えるとはかぎらない[　K　]部のものの方が[かえって]目をひく。そこで、[　L　]部にあるテーマの解決が得られない[のに、][　M　]部に横たわっている、予期しなかった問題が向うから飛び込んでくる。

寝させるのは、[N]**部においてはまずい**ことを、しばらくほとぼりをさまさせるために、[O]**部へ移してやる**意味をもっている。そうすることによって、目的の課題を、**セレンディピティをおこしやすいコンテクスト**で包むようになる。

「中心部」にあるものは「見えない」、「周辺部」の方が「見える」という関係性がわかります。また、「セレンディピティをおこしやすいコンテクスト」＝「周辺部」であることもわかります。

以上がわかれば正解が選べます。

ステップ3　正解の選択肢を選ぶ

正解は次のようになります。

[J]は「中心」。
[K]は「周辺」。
[L]は「中心」。
[M]は「周辺」。
[N]は「中心」。
[O]は「周辺」。

文の構造に注意しながら読めば、語句補充問題は解けます。

問3（　X　）

ステップ1　空所を含む一文の分析

まずは空所を含む一文の構造を確認しましょう。

科学者の間では、こういう（　X　）のようにして生れる発見、発明のことを、セレンディピティと呼んでいる。

文の構造をとらえると、「こういう（　X　）のようにして生れる発見、発明のこと」は「セレンディピティ」と呼ばれていることがわかります。「こういう」というのは「まとめの指示語」ですから、その前の具体例をまとめた表現が入ると考えてください。

ステップ2　解答の根拠を探す

次に解答の根拠を本文中に求めましょう。

C、兵器の開発が目標だったはずである。それが思いもかけない偶然から、まったく別の新しい発見が導かれることになった。こういう例は、研究の上では、古くから、決して珍しくない。

科学者の間では、こういう（　X　）のようにして生れる発見、発明のことを、セレンディピティと呼んでいる。

指示語の指示内容を求めると、次のような内容の言葉が空所に入るとわかります。

思いもかけない偶然から、元々の目標とはまったく別の新しい発見が導かれること

この意味に最も近い選択肢を選びましょう。

ステップ3　正解の選択肢を選ぶ

正解はキ「行きがけの駄賃」となります。「行きがけの駄賃」とは「馬子が問屋に荷物を取りに行く途中に、他の荷物を運んで得る駄賃」のことです。そこから転じて、「事のついでに他の事をすること」という意味になりました。

他の選択肢で注意しなければいけないものは、ウ「犬も歩けば棒に当たる」です。「犬も歩けば棒に当たる」は「何かをしようとすれば、何かと災難に遭うことも多い」という意味と、「出歩けば思わぬ幸運に出会う」という意味があります。「別のもの、他の事」という意味はないので、今回は正解になりません。

問3（　Y　）

ステップ1　空所を含む一文の分析

まずは空所を含む一文の構造を確認しましょう。

主部　　　　　　　　　　**述部**

〈すでに前にも引き合いに出している（　Y　）は〉、それを別の角度から言ったものである。

文の構造をとらえると、「（　Y　）は、それを言ったもの」だとわかりますから、「それ」の指示内容を求めましょう。

ステップ2　解答の根拠を探す

次に解答の根拠を本文中に求めましょう。

中心的関心よりも、［H］、周辺的関心の方が活潑《かっぱつ》に働くのではないかと考えさせるのが、セレンディピティ現象である。**視野の中央部にあることは、もっともよく見えるはずである。**［I］**皮肉にも、見えているはずなのに、見えていないことがすくなくない。**〈すでに前にも引き合いに出している（　Y　）は〉、それを別の角度から言ったものである。

指示語の指示内容を求めると、次のような内容の言葉が空所に入るとわかります。

視野の中央部にあることは、もっともよく見えているはずなのに、見えていないことがすくなくない

この意味に最も近い選択肢を選びましょう。

ステップ3　正解の選択肢を選ぶ

正解はエ「見つめる鍋は煮えない」となります。「見つめる鍋は煮えない」とは「何もしないでじっと待つだけでは時間が長く感じる」という意味です。今回はこの意味ではありませんが、「よく見えているはずなのに、見えない」に最も近いので、これを正解とします。

他の選択肢のことわざの意味を確認しましょう。ア「いざ鎌倉」は「さあ大変だ、一大事が起こった」という意味です。イ「玉の輿に乗る」は「女性が、高い身分の人や多くの財産を所有する人の妻になる」という意味です。オ「玉磨かざれば光なし」は「人もどんなに才能があっても、学問や修業を怠れば立派な人間にはなれない」という意味です。カ「急がば回れ」は「急いで物事をなしとげようとするときは、危険を含む近道を行くよりも、安全確実な遠回りを行くほうがかえって得策だ」という意味です。ク「無理も通れば道理になる」は「理屈に合わないことでも強引に押し通してしまえば、それが正しいことのように通用してしまう」という意味です。

第8講のまとめ

文の構造に注意して何が入るかを考えよう

実践問題8　解答

問1　Aエ　Bカ　Cケ　Dア　Eイ　Fイ　Gク　Hオ　Iキ
問2　J中心　K周辺　L中心　M周辺　N中心　O周辺
問3　Xキ　Yエ

《第9講》

「心情」の問題を解くための解答テクニック

所要学習時間 60分

この講を学ぶ意義

看護医療系の仕事の現場では患者の「心情」を慮って、患者に「ケア」をする必要があります。もし患者の心情を理解することが出来なければ、治療もうまくいきません。そのときに重要なのは、患者の置かれている状況や立場を理解して共感する能力です。ですから、看護医療系の現代文では「心情」をとう問題が出題されるのです。

この講で身につく読解テクニック

□「心情把握問題」を解くためのテクニック

□「原因」と「結果」から心情をとらえるテクニック

9-1 「心情」どのようにしてとらえたら良いのか

小説文では登場人物の「心情」を聞く問題が出題されます。でも、皆さんはその登場人物ではありませんよね。もちろん「心情」というのは見えないものです。では、一体どうしたら「心情」をとらえることができるのでしょうか。

例文を見てみましょう。

例文1　K助は泣いた。

このときのK助の心情はわかりますか？　わかりませんね。

悲しくて泣くときもあれば、嬉しくて泣くこともあります。また、感動して泣くこともあります。つまり、「泣いた」だけでは心情はわからないのです。

では次はどうでしょうか。

例文2　K助はケガをして試合に出られなくなった。K助は泣いた。

これならK助の心情がわかった人もいると思います。

正解は「悲しいという気持ち」です。

なぜわかったかというと、「K助はケガをして試合に出られなくなった」という部分が原因で、「泣いた」という結果が生じたとわかるからです。テストで0点を取ると悲しいですよね。

このように「心情」をとらえるためには「原因」「結果」も一緒にとらえる必要があるのです。

「心情」のとらえ方

☑「原因」をとらえる
☑「結果（行動、反応、発言）」をとらえる

9-2 様々な心情の形

実は心情には4つの形があります。**「単純な心情」「心情の変化」「結合原因の心情」「心情の交錯」**です。これら4つの形を覚えておくと、心情がとらえやすくなります。

まず「単純な心情」とは、先程の例文で見たように「原因」「心情」「結果」がワンセットになっているものです。もう一度例文で確認しましょう。

例文3

原因 K助はケガをして試合に出られなくなった。
↓
心情 K助は悲しくなった。
↓
結果 K助は泣いた。

「単純な心情」が問われる場合には「心情」の部分が書いてないこともあります。そのときは「原因」と「結果」から推測してください。推測と言っても難しく考える必要はありません。**プラス心情なのか、マイナス心情なのかがわかれば大丈夫です。**

二つ目は**「心情の変化」**です。心情はあることがきっかけとなって「変化」することもあります。「心情A」から「心情B」への変化、そして「変化の原因」の三点をとらえましょう。

例文4
心情A K助はケガをして試合に出られず、悲しかった。
↓
変化の原因 K助の怪我が治り、K助は試合に出られるようになった。
↓
心情B K助は嬉しくなった。

「心情の変化」が問われる場合はプラス心情からマイナス心情へ、またはマイナス心情からプラス心情への変化がポイントです。また、必ず「変化の原因」もあるので、三点セットでとらえるようにしましょう。

三つ目は**「結合原因の心情」**です。あることが「原因」となって「心情」を引き起こすのですが、客観的に見るとよくわからない場合もあります。その場合は「原因B（特殊事情）」があるのではないかと考えてください。「原因A（事態）」＋「原因B（特殊事情）」が結合して、「心情」を引き起こすので、「結合原因の心情」といいます。

例文5
原因A K助はケガをして試合に出られなくなった。
心情 ← K助は嬉しかった。（なんで？）
原因B → K助は試合の日に発売されるゲームをやりたかったのだ。（なるほど！）

「結合原因の心情」は読者に「なんで？」と思わせることで物語に引き込む役割があります。「原因B（特殊事情）」は登場人物のセリフや心中文や回想シーンで語られることがあります。

四つ目は **「心情の交錯」** です。プラス心情とマイナス心情が同時に存在する複雑な心情です。それぞれに「原因」がありますから、分けてとらえるようにしましょう。

例文6
原因A K助は試合で大活躍した。

→ 心情A＋B ←
K助は嬉しいと同時に残念な気持ちになった。（なんで？）

原因B その日はK助が密かに思いを寄せているマネージャーのA子が休んでいたのだ。（なるほど！）

「原因」と「心情」をそれぞれセットにすると、「試合で大活躍したから、嬉しい」という**プラス心情のセット**と「大活躍をA子に見てもらえなくて、残念」という**マイナス心情のセット**、合計二つのセットが出来ます。このように「心情」をプラスとマイナスに分けて、それぞれの原因をとらえるのが、「心情の交錯」です。

「心情」の四つの形

- ☑「単純な心情」は「原因」↓「心情」↓「結果」をとらえる
- ☑「心情の変化」は「心情A」↓「変化の原因」↓「心情B」をとらえる
- ☑「結合原因の心情」は「原因A」↓「心情」↑「原因B」をとらえる
- ☑「心情の交錯」は「原因A」↓「心情A＋B」↑「原因B」をとらえる

9-3 心情把握問題を解く手順

それでは「心情把握問題」を解く手順を見ていきましょう。

「心情」の問題を解く手順

☑ ①傍線部を含む一文を分析する
☑ ②ポイント（「原因」「心情」「結果」）を見つける
☑ ③本文中に解答の根拠を求める

①は「一文の構造」を明らかにする作業です。小説の場合は主語が省略されたり、倒置が行われている場合もありますので、注意してください。

例文7　K助は嬉しかった。そして、飛び跳ねた。（主語「K助」の省略）

例文8　K助は叫んだ。「なんでこんなに大事なときにケガをしてしまったんだ」と。（倒置）

②は傍線部には「原因」「心情」「結果（行動、反応、発言）」のうちどれがあるのかを調べます。

③は傍線部に含まれた要素と「因果関係」があるポイントを探す作業です。基本的には「原因」は前、「結果」は後ろに求めましょう。ただし、「原因（特殊事情）」に関しては、後ろに出てくる場合もあります。「セリフ」「心中文」「回想シーン」に注意しながら呼んでいきましょう。

「心情」の問題を解くテクニック

☑ 一文の構造を分析する
☑「原因」「心情」「結果」をとらえる

それでは実践問題を解いていきましょう。

実践問題9 **次の文章を読んで、後の問いに答えよ。**

2018年 川崎医療福祉大学保健看護学部

※「彼」は父親と同居していたが、父親は再婚とともに郊外に新居を構えた。彼は二ヶ月ぶりに、父の新居を訪問した。

明るい光線の戸外から、急に家へ入ったせいで、しばらくは眼《め》の前が何も見えぬほど暗かった。しかし玄関脇の四畳半は別にして、他の部屋は事実、おもいのほかに暗かった。それに、これはどうしたことか、こうして父の家へやって来たことが、何か見知らぬよその家へ上りこんで、自分はそれを気づかずにいるのではないかというような、ひどく不確かな感触が畳を踏んでいる足の裏から、体のいたるところに伝わってくる気がした。

「うア、寒いな——」

彼は思わず言って、「外より家の中の方が寒いや」と口から出かかるのを、あわてて止めた。

「さ、おこたへどうぞ」

継母の声がすぐあとからつづいたのは、自分の言葉が彼女を傷つけたのかもしれなかった。しかし寒いことは実際に寒かった。言われるままに、奥の八畳間のテレビの前にしつらえられたコタツに入ろうと、足をのばしかけると何か柔らかいものが足先に触れ、突然それはコタツのやぐら全体がバネ仕掛けの捕鼠《ほそ》器であるような錯覚を彼にあたえて跳びはねた。

部屋の薄暗い隅に向《む》かって、畳の上を大きな蟹《かに》の爪の音を残して走り去る音と、

「これこれ、チビちゃん、だいじょぶ、だいじょぶ……」

という継母の声とが、同時に起《お》こり、彼は上半身のけぞらせた体をそっと起き上《あ》がらせ、暗い壁ぎわの方をすかしてみると、白い一匹の日本テリヤ種の犬が、立ちすくみながらじっとこちらを睨んでいる。

「だいじょぶ、チビちゃん、おじちゃまよ……。ほれほれ、こないだいらしたおじちゃまの顔を、もう忘れたの……。はやくご挨拶しなさいよ、まアいやな子！」

継母は犬を抱き上げると、彼のそばへ差し出した。この犬のことを、彼は忘れているわけではなかった。このまえ来たときも、その犬は継母そのものと重なり合うぐらい、強い印象を彼にあたえているはずだった。それを、つい度忘れのように忘れていたのは、ふだんの彼が犬に無関心なためでもあるが、きょうこの家に着いたときの感じが、それほどスッカリ以前と変《かわ》っているように思われたためだろう。

そうだ、こいつがいたんだっけ——。A彼は安堵《ど》ともガッカリするともなくつぶやいて、この犬の顔つきの中から、このまえここへ来たときの様子を、まざまざと想《おも》い浮かべた。年とって目ヤニをため、頭の毛が一部分すり切れたこの犬と、継母はもう十八年、連れそっているという。

「十八年」

と、そのとき彼は、ほとんど不気味になりながら訊《き》きかえしたことを憶《おぼ》えている。

「ええ、もうだいぶお婆アちゃんよ」

と継母は犬の頭にキスしながらこたえた。

十八年といえば、だいぶ、どころか犬としては、ほとんど化けて出そうな年数ではないか？　しかも継母は、もしかすると、この犬の年齢をいくらか少な目に読んでこたえているのかもしれなかった。すくなくとも彼女は、ひとに訊かれてこの犬のとしをこたえることに、或《あ》る苦痛をおぼえている様子が見えた。そして、この痛みは彼自身にもつたわった。十八年……、おもえば、それは第二次世界大戦がはじまったか、はじまらなかったかという年ではないか。したがって、この犬の来歴を根掘り葉掘り問いかけることは、もう彼女自身の過去を掘りかえすことになりかねない。いってみれば、それは或る人間の秘密が犬になって、そのへんを歩いているようなものだろう。こんなふうに考えると、――彼自身、犬は特に好きでも嫌いでもない性分だったが――この犬に眼を向けることが、タメラわれた。かといって犬を全然無視することも許されない。それは、かえって不自然に眼をそらすことで、相手に傷手《いたで》を感づかせる結果になるかもしれないからだ。


そんなわけで、彼は出来るだけ、この犬から遠去かろうとつとめた。このまえ、ここへ来たときから、そう思っていたのだ。ところが、きょうはたったいままで、その重大な犬のことを忘れていた！　これはつまり、それだけおれが継母に馴《な》れたということだろうか。しかし、じつのところ、それは要するに犬がコタツのふとんの中にもぐりこんで、彼のまえに姿を現さなかったということかもしれなかった。

何にしても、おれはこの犬に親しまなくてはならない。父と継母との間がウマく行くように計らうには、

そうすることが自分の義務だ。彼は、思い切って、
B「どれ、こっちへよこしなさい」

とコタツの中から、継母に抱かれている犬に手をのばした。すると継母は、

「さア、どうかな」

と、まるで赤ン坊をひとの手に抱かせる母親のようなことを言った。

「だいじょぶですよ」

彼は手を差しのべたまま、いくらかイラだたしげに言い、自分の手のなかに犬を抱いた。そして二の腕と太腿《ふともも》とに、ふるえている犬の痩せた背骨と、四肢の反撥力《はんぱつりょく》とを感じた。

「わたしは、元来、情《なさけ》ぶかいタチなんです」と、継母は言った。「この犬にも、なさけをかけてやっているから、こんなにいつまでも丈夫で暮らしているんです」

犬は、おとなしくなついてきた。彼は、犬の頭を撫《な》でてやった。皮の下に、ずんぶん分厚い骨がある。この骨の下に脳があり、それで一体こいつは何を考えているんだろう、と思った。

「この犬も、ほんとは誰かが捨てたものです。お寺の裏庭に捨てられて、痩せて痩せて、ひょろひょろしながら、母親をさがしもとめて歩いていました。どこか、よその子供にイジメられたんでしょうか、頸《くび》に細縄の切れ端をつけて、疲れきった様子で……。そこを、あたしが通りがかりに見つけたんです」

犬は、彼の手のなかでおとなしく、まるで自分の身の上ばなしを語られている人のように、神妙に首を垂れている。

「あたしが、抱き上げて膝のうえに乗せると、うれしそうにこちらの顔を、じっと見上げるじゃありません

か……」

だんだん、はなしが「浦島太郎」みたいになってきた、と彼は思った。継母の語り口は、かならずしもタドタドしくはなかった。ただ、郷里のナマリを気にして東京風のアクセントをまねしようとしているために、まるで芝居のセリフをしゃべっているような大袈裟《おおげさ》な口調にきこえてしまうのだ。彼は犬の頸筋を撫《な》でまわしていたが、ふと首の付け根の頸骨《けいこつ》の両側に、骨ともコブともつかない奇妙なものがあるのを発見した。――何だろう、これは？　犬も十八年のよわいを閲すると、肩が凝ってこのような大きなカタマリが出来てしまうものであろうか――。彼は動物学者の父親に、犬の肩凝りについての説明を訊きたいと思った。しかし継母のはなしは続いた。犬を自分の家へ連れてきてはみたものの、さて、どうやって育てたものか、と迷う話をやりはじめた。

「台所で、おじやの御飯を食べさせると、すぐにお鍋に一杯たべて、ころん、と横になって眠そうに、眼をパチパチするもんだから……」

そのときだった、彼は父の顔を見た。すると、父もまた眠たげに眼蓋《まぶた》を下げていたが、それが不意にパチリとひらき、あらぬ方をキョロッと見つめたかと思うと、たちまちまた弾力を失った眼蓋がずりおちてくる。一瞬、彼はその顔に一頭の老犬を想い浮かべ、はっとして、継母の顔をうかがった。だが彼女は、まだ熱心に睡魔とたたかう幼犬のことを語りつづけた……。すでに日は暮れかけているのであろうか、縁側の古ぼけた障子に弱い日脚がうつり、こたつに背をまるめた父は重そうな頭を次第に低く、何度もヤグラ蒲団《ぶとん》のうえに近づけては、また上げる。仄暗《ほのぐら》さの中でも彼は、父の頤《あご》の下から喉もとへかけての皮膚がシワになってたるみ、それが頭の上下につれて伸び縮みするたびに、トリの砂袋みたいに揺れるのを認めた。それは、さっき戸外の明るい日光のもとで見た父のツヤヤカな赤味ざしたような顔色とはまったく逆に、一挙に老化した疲労の影が蔽《おお》いようもなくアカラサマに出ていた。

「あら、おじいちゃん、おやすみ？」

さすがに継母も気がつき、ひどくカン高い声で、「おじいちゃん、おじいちゃん、晩ご飯まで、ひと寝入りする？　それなら向《むこ》うにお蒲団が敷いてありますよ。え、ここで寝ちゃうの？　そう、それなら……」と、押入《おしいれ》から枕やらカイマキやらを出して、畳の上に横倒しになった父の体に着せかけた。

まるで病人だな、と彼は思った。つい半年まえまで、東京の彼の家に来てさえ、庭ともいえない家のまわりをグルグルまわって、垣や木戸に新しい板を打ちつけたり、はがしたりして、結局バラバラにこわしてみたり、日がな一日、そんなことで体をうごかしつづけ、余計なことはしてくれない方がいいのに、と彼の妻に眉をひそめさせながら、蒲団の上げ下げまで自分でやっていた父のことを考えると、カイマキの襟《えり》から半月形の額を覗《のぞ》かせて居眠っている父の顔は、別人としか思えない。

「いつも、こんなぐあいなんですか」

「え」C
と、継母はいったん何を訊かれたか、とまどうように訊きかえし、「……そりゃ、もうよくお休みになりますよ。朝でも、晩でも、しょっちゅうあんなにしてチビちゃんと一緒に……。チビちゃんと、おじいちゃんとは大の仲良しやから」

なるほど、そういえば犬は、いつの間にか、こたつに突っこんだ父の足もとにもぐりこみ、カイマキの裾《すそ》の方から、鼻さきだけをこちらに出して眠っていた。

「毎晩、夜寝るときは、おじいちゃんとあたしとで、チビちゃんの奪い合いになりますの……。そうするとチビちゃんは、ちゃんと二人の蒲団の真ン中でそれを見てて、はじめに、おじいちゃんの蒲団へもぐって寝てから、夜中におじいちゃんのところから、そっとあたしの方へ這《は》い込んできますのよ」と、うれしそうに笑った。
「へーえ」
彼は、アイヅチを打ちながら、犬の鼻先をながめ、ふと家じゅうが、けだものの臭いで充満してくる気がした。
（安岡章太郎《やすおかしょうたろう》「ソウタと犬と」による）

問1 傍線部A「安堵ともガッカリするともなくつぶやいて」とあるが、それはなぜか。その説明として最も適当なものを、次のa～eのうちから一つ選べ。

a 二ヶ月ぶりに父の家を訪ね、家の様子がすっかり以前と変わっていることに気づいた。落ち着いた雰囲気は、父が新居になじんだことを示していると感じほっとした。一方で、前回同様犬がいることにも気づき、犬が父の平穏な生活を乱しているのではないかと不安にも思ったから。

b 二ヶ月ぶりに父の家を訪ね、家の様子がすっかり以前と変わっていることに気づいた。そのことは、体のいたるところに原因のわからない違和感を抱かせた。その違和感は継母の連れてきた犬に端を発することがわかり、少しは安心もした一方で、その犬のみすぼらしさには失望したから。

c 二ヶ月ぶりに父の家を訪ね、家の様子がすっかり以前と変わっていることに気づいた。短い間に様子が大きく変わったことは、見知らぬよその家に来たようで不安を感じさせた。そのようななか、前回同様犬がいることに気づき、変わっていないところもあると安心した一方で、その犬を敬遠したい気持ちもあったから。

d　二ヶ月ぶりに父の家を訪ね、家の様子がすっかり以前と変わっていることに気づいた。不安を感じていると、不気味なものがコタツから飛び出してきて不安が増幅された。やがて、その不気味なものの正体が前からいる犬だとわかり安心した一方で、彼の気も知らず、継母が犬を差し出してきたことに嫌悪感を抱いたから。

e　二ヶ月ぶりに父の家を訪ね、家の様子がすっかり以前と変わっていることに気づいた。そのことに違和感を抱いたが、前回同様犬がいることに気づき、次第に犬に関心を持ち始めている自分に満足感を覚えた。一方で、その犬が彼になじむ気配がないことに落胆したから。

問2　傍線部B「『どれ、こっちへよこしなさい』」とあるが、こう言ったときの彼の心情の説明として最も適当なものを、次のa～eのうちから一つ選べ。

a　彼は犬があまり好きではないが、父が再婚した以上、父も継母も愛玩する犬に対して邪険に扱うことはできないと考えている。

b　継母が長く飼う犬に接することは、継母の過去に迫るような恐ろしさはあるが、父の家庭に波風を立てないように、過去も含めて継母と付き合っていかなければならないと考えている。

c　この犬は継母にとって赤ん坊のような存在でいらだたしさは残るが、父が継母と再婚した今となっては、その存在を認めてやらざるをえないと考えている。

d　彼は継母や犬の素性などはどうでもよいことだと思っていたが、父が再婚した以上は継母と犬の馴れ初めについて問いただしておかなければならないと考えている。

e　この犬は継母にとってかけがえのない存在なので、彼は特に犬が好きなわけではないが、積極的に触れあうことで、継母とも仲良くなりたいと考えている。

問3　傍線部C「『え』」と継母は応えたが、このとき継母がとまどうようにしたのはなぜか。その説明として最も適当なものを、次のa～eのうちから一つ選べ。

a　彼は晩ご飯の前に眠くなってしまった父の姿に病を疑って尋ねたが、父がすぐに眠そうになることはこの家では日常茶飯事であるし、父の年齢を考えても自然なことだと継母は思っているから。

b　彼は蒲団にも入らず寝ようとする父にかつてなかった横着さを感じて尋ねたが、晩ご飯前にひと寝入りするのに畳の上で寝転がることなど、ごくあたりまえのことだと継母は思っているから。

c　彼は、眠そうな父に対して手際よくカイマキを着せかけられない継母に不満を覚えて尋ねたが、寝る支度には押入から様々なものを出す必要があり、時間がかかるのは仕方がないと継母は思っているから。

d　彼は継母が年老いた父をかいがいしく世話する姿を見て感謝の念で尋ねたが、犬と同じように、年老いた父の生活の面倒を見ることは当然のことであると継母は思っているから。

e　彼は蒲団の上げ下げも自分でしていた父を思い出し、今の姿に愕然《がくぜん》として尋ねたが、共に暮らしている以上は年老いた父も犬も自分が世話をする対象であり、両者がそろって寝ているのは当然だと継母は思っているから。

問4　傍線部D「ふと家じゅうが、けだものの臭いで充満してくる気がした」とあるが、彼の心情の説明として最も適当なものを、次のa～eのうちから一つ選べ。

a　かつて動物学者として知的な存在だった父も、すっかり老いてしまった。何も自分でできなくなってしまった父を、継母は手厚く世話してくれている。そのことに彼は尊敬の念を抱きつつも、今や動物を想起させるような姿になりはててしまった父を悲しく思っている。

b　毎晩、寝るときに父と継母と犬で蒲団を分かち合っている。これほどまでに犬は、父と継母の二人に愛されていて、二人の生活の中心をなしている。犬が再婚した二人のかすがいになっている現状を認めなければならないと感じつつも、犬が生活の中心になっていることに嫌悪感を抱いている。

c　彼と同居していたときは自立していた父が、再婚を機に、継母の世話を受けるようになり、今では病人のような存在になってしまった。学者だった頃の面影もなく、犬同様、生活の世話を継母にされるだけになっている父の姿を見て人間性が損なわれているように感じ、継母の関心の中心が犬にあることに嫌悪感を抱いている。

d　継母は彼に、犬を拾ってきたときの話をしたが、芝居がかった話しぶりは彼に昔話の「浦島太郎」を思い起こさせた。継母は、父に情けをかけることで、父、ひいては彼から見返りを得ようとしている。彼はそのような動物的な欲深さに気づき、継母に対し激しい反発感を抱いている。

e　継母は犬と、他者が介在できない時間を長く過ごし、犬の存在はパートナーにも子どもにも喩《たと》えることができる。継母は父と再婚し、一つの屋根の下に三者が過ごす新しい生活を始めた。ただ、継母にとってはなによりも犬の存在が大きく、彼はそのような姿を犬が家を支配しているようだと感じ、吐き気のするような思いでいる。

文章解説

第一意味段落

「彼」は父親と同居していたが、父親は再婚とともに郊外に新居を構えた。彼は二ヶ月ぶりに父の新居を訪問した。「彼」は部屋が寒かったのでこたつに入った。すると、こたつの中に犬がいた。二ヶ月ぶりの父の家がすっかり変わっていたので、「そうだ、こいつがいたんだっけ」と安堵ともガッカリするともなくつぶやいて、前にここに来た時の様子を思い浮かべた。この犬は、もう十八年連れ添っているという継母の過去そのもののように思えた。

第二意味段落

「彼」は父と継母との間がうまくいくために、この犬に親しまなくてはならないという義務感から、犬を呼び寄せた。すると、継母が犬との過去を話し始めた。その時、父の顔を見ると、父もまた老犬のようになっていた。かつて同居していたときには元気であった父が、いまではまるで病人のように寝てばかりになってしまったことに、「彼」はふと家中がけだものの匂いで充満してくる気がした。

設問解説

問1

ステップ1　傍線部を含む一文の分析

まずは傍線部を含む一文の構造を確認しましょう。

……………………

心情A　心情B　結果＝行動

彼は安堵《あんど》ともガッカリするともなくつぶやいて、この犬の顔つきの中から、このまえここへ来たときの様子を、まざまざと想《おも》い浮かべた。

……………………

傍線部は「安堵ともガッカリするともなく」という心情表現と、「つぶやいて」という結果＝行動になっています。

心情表現は「安堵」＝プラス心情、「ガッカリ」＝マイナス心情の両方がある**「心情の交錯」**になっています。

両方の原因をとらえましょう。

ステップ2　解答の根拠を探す

次に解答の根拠を本文中に求めましょう。

……

継母は犬を抱き上げると、彼のそばへ差し出した。この犬のことを、彼は忘れているわけではなかった。

……

このまえ来たときも、その犬は継母そのものと重なり合うぐらい、強い印象を彼にあたえているはずだった。**それを、つい度忘れのように忘れていたのは、ふだんの彼が犬に無関心なためでもあるが、きょうこの家に着いたときの感じが、それほどスッカリ以前と変《かわ》っているように思われたためだろう。そうだ、こいつがいたんだっけ——**。彼は安堵《あんど》ともガッカリするともなくつぶやいて、この犬の顔つきの中から、このまえここへ来たときの様子を、まざまざと想《おも》い浮かべた。年とって目ヤニをため、頭の毛が一部分すり切れたこの犬と、継母はもう十八年、連れそっているという。

「十八年」

と、そのとき彼は、ほとんど不気味になりながら訊《き》きかえしたことを憶《おぼ》えている。

「ええ、もうだいぶお婆アちゃんよ」

と継母は犬の頭にキスしながらこたえた。

十八年といえば、だいぶ、どころか犬としては、ほとんど化けて出そうな年数ではないか？　しかも継母は、もしかすると、この犬の年齢をいくらか少な目に読んでこたえているのかもしれなかった。すくなくとも彼女は、ひとに訊かれてこの犬のとしをこたえることに、或《あ》る苦痛をおぼえている様子が見えた。そして、この痛みは彼自身にもつたわった。十八年……、おもえば、それは第二次世界大戦がはじまったか、はじまらなかったかという年ではないか。したがって、**この犬の来歴を根掘り葉掘り問いかけることは、もう彼女自身の過去を掘りかえすことになりかねない**。いってみれば、それは或る人間の秘密が犬になって、そのへんを歩いているようなものだろう。こんなふうに考えると、——彼自身、犬は特に好きでも嫌いでもない性分だったが——**この犬に眼を向けることが、タメラわれた。かといって犬を全然無視することも許されない。それは、かえって不自然に眼をそらすことで、相手に傷手《いたで》を感づかせる結果になるかもしれないからだ。**

そんなわけで、**彼は出来るだけ、この犬から遠去かろうとつとめた**。このまえ、ここへ来たときから、そう思っていたのだ。ところが、きょうはたったいままで、その重大な犬のことを忘れていた！　これはつまり、それだけおれが継母に馴《な》れたということだろうか。しかし、じつのところ、それは要するに犬がコタツのふとんの中にもぐりこんで、彼のまえに姿を現さなかったというまでのことかもしれなかった。

「安堵」と「ガッカリ」の原因を整理してみましょう。

原因A きょうこの家に着いたときの感じが、それほどスッカリ以前と変っているように思われたが、犬は変わらずにいた

↓

心情A「安堵」

↓

結果「そうだ、こいつがいたんだっけ」

↓

原因B 彼は出来るだけ、犬から遠去かろうとつとめたのに、犬が変わらずにいた

↓

心情B「ガッカリ」

結果「そうだ、こいつがいたんだっけ」

以上の二つの心情が交錯していることがわかれば、正解が選べます。

ステップ3　正解の選択肢を選ぶ

正解はｃ「二ヶ月ぶりに父の家を訪ね、家の様子がすっかり以前と変わっていることに気づいた。短い間に様子が大きく変わったことは、見知らぬよその家に来たようで不安を感じさせた。そのようななか、前回同様犬がいることに気づき、変わっていないところもあると安心した一方で、その犬を敬遠したい気持ちもあったから。」となります。今回とらえた心情の交錯を説明できている選択肢はこれしかありません。

他の選択肢を検討してみましょう。ａは「落ち着いた雰囲気は、父が新居になじんだことを示していると感じほっとした」の部分が誤りです。「安堵」の原因に「犬」がありません。ｂは「その違和感は継母の連れてきた犬に端を発することがわかり、少しは安心もした」が誤りです。「犬」→「違和感」という因果関係はありません。また、「その犬のみすぼらしさには失望した」も誤りです。これは本文にない心情です。

ｄは「彼の気も知らず、継母が犬を差し出してきたことに嫌悪感を抱いた」が誤りです。「継母に対する嫌悪感を抱いている」のではなく、「継母に気を使っている」のです。

ｅ「次第に犬に関心を持ち始めている自分に満足感を覚えた」「その犬が彼になじむ気配がないことに落胆した」はプラス心情、マイナス心情ともに誤りです。

問2

ステップ1　傍線部を含む一文の分析

まずは傍線部を含む一文の構造を確認しましょう。

結果＝発言

「どれ、こっちへよこしなさい」とコタツの中から、継母に抱かれている犬に手をのばした。

傍線部を含む一文を分析すると、傍線部は「結果」の発言であるとわかります。「心情」と「原因」を本文中に求めましょう。

ステップ2　解答の根拠を本文中に探す

次に解答の根拠を本文中に求めましょう。

継母は犬を抱き上げると、彼のそばへ差し出した。この犬のことを、彼は忘れているわけではなかった。このまえ来たときも、**その犬は継母そのものと重なり合う**ぐらい、強い印象を彼にあたえているはずだった。

（中略）

この犬の来歴を根掘り葉掘り問いかけることは、もう彼女自身の過去を掘りかえすことになりかねない。いってみれば、それは或る人間の秘密が犬になって、そのへんを歩いているようなものだろう。

（中略）

何にしても、おれはこの犬に親しまなくてはならない。父と継母との間がウマく行くように計らうには、そうすることが自分の義務だ。彼は、思い切って、

[B]「どれ、こっちへよこしなさい」

とコタツの中から、継母に抱かれている犬に手をのばした。

「原因」は「犬が継母と重なり合うような印象」です。

「心情」は「父と継母との間がウマくいくための義務感」です。

因果関係を整理すると次のようになります。

原因 犬が継母と重なり合うような印象を持った

← **心情** 父と継母との間がウマくいくために犬と親しまなければならないという義務感

← **結果** 「どれ、こっちへよこしなさい」とコタツの中から、継母に抱かれている犬に手をのばした

以上のポイントを整理して、正解を選びましょう。

ステップ3　正解の選択肢を選ぶ

正解はｂ「継母が長く飼う犬に接することは、継母の過去に迫るような恐ろしさはあるが、父の家庭に波風を立てないように、過去も含めて継母と付き合っていかなければならないと考えている」となります。「義務感」を説明できている選択肢はこれしかありません。

他の選択肢を検討してみましょう。ａは「父も継母も愛玩する犬に対して邪険に扱うことはできない」が「義務感」ではないため、誤りとなります。ｃは「その存在を認めてやらざるをえない」は「義務感」の内容が違うため誤りです。ｄ「父が再婚した以上は継母と犬の馴れ初めについて問いただしておかなければならない」は「義務感」の内容が違うため、誤りとなります。むしろ、「問いかけてはいけない」と思っています。ｅは「積極的に触れあうことで、継母とも仲良くなりたい」は「願望」の表現で「義務感」でないため、誤りとなります。

問3

ステップ1　傍線部を含む一文の分析

まずは傍線部を含む一文の構造を確認しましょう。

結果＝発言　　**心情**

C「え」と、継母はいったん何を訊かれたか、**とまどう**ように訊きかえし、「……そりゃ、もうよくお休みになりますよ。朝でも、晩でも、しょっちゅうあんなにしてチビちゃんと一緒に……。チビちゃんと、おじいちゃ

んとは大の仲良しやから」

傍線部を含む一文を分析すると、「とまどう」が心情で、「え」が結果の発言だとわかります。

本文中に原因を求めましょう。

ステップ2　解答の根拠を探す

次に解答の根拠を本文中に求めましょう。

まるで病人だな、と彼は思った。つい半年まえまで、東京の彼の家に来てさえ、庭ともいえない家のまわりをグルグルまわって、垣や木戸に新しい板を打ちつけたり、はがしたりして、結局バラバラにこわしてみたり、日がな一日、そんなことで体をうごかしつづけ、余計なことはしてくれない方がいいのに、と彼の妻に眉をひそめさせながら、蒲団の上げ下げまで自分でやっていた父のことを考えると、カイマキの襟（えり）から半月形の額を覗《のぞ》かせて居眠っている父の顔は、別人としか思えない。

「いつも、こんなぐあいなんですか」

「え」C

と、継母はいったん何を訊かれたか、とまどうように訊きかえし、「……そりゃ、もうよくお休みになりますよ。朝でも、晩でも、しょっちゅうあんなにしてチビちゃんと一緒に……。チビちゃんと、おじいちゃんとは大の仲良しやから」

直前を見ると、つい半年ほどまえまでは元気だった父が、病人のようによく寝るようになってしまって、「彼」が「いつもこんなぐあいなんですか」と聞いたことが原因です。継母は父がよく寝るのはふつうのことだと思っていたので、「とまどう」ように訊き返したとわかります。

この因果関係をまとめると、次のようになります。

原因　半年前までは元気だった父が居眠りをしている姿を見て別人のように思い、「いつもこんなぐあいなんですか」と「彼」が聞いた
←
心情　年寄りが居眠りをするのは当然ではないかと思い「とまどう」
←
結果　「えっ」と聞き返した

この因果関係をふまえて正解を選びましょう。

ステップ3　正解の選択肢を選ぶ

正解はｅ「彼は蒲団の上げ下げも自分でしていた父を思い出し、今の姿に愕然として尋ねたが、共に暮らしている以上は年老いた父も犬も自分が世話をする対象であり、両者がそろって寝ているのは当然だと継母は思っているから。」となります。

他の選択肢を検討してみましょう。ａ「彼は晩ご飯の前に眠くなってしまった父の姿に病を疑って尋ねた」が

誤りです。「まるで病人だな」というのは比喩表現ですから、本当に病気を疑ったわけではありません。b「かつてなかった横着さを感じて尋ねた」が誤りです。父に「横着さ」を感じたのではなく、かつて元気だった父が「老いた」と思ったのです。c「眠そうな父に対して手際よくカイマキを着せかけられない継母に不満を覚えて尋ねた」が誤りです。彼が訪ねたのは「父の様子の変化」が原因です。d「彼は継母が年老いた父をかいがいしく世話する姿を見て感謝の念で尋ねた」が誤りです。「感謝の念」ではありません。

問4

ステップ1　傍線部を含む一文の分析

まずは傍線部を含む一文の構造を確認しましょう。

結果＝発言

「へーえ」

彼は、アイヅチを打ちながら、犬の鼻先をながめ、D ふと家じゅうが、けだものの臭いで充満してくる気がした。

傍線部を含む一文を分析すると、「ふと家じゅうが、けだものの臭いで充満してくる気がした」は心情表現です。ただし、「比喩表現」であるということに注意してください。

それでは文中に原因を求めに行きましょう。

ステップ2　解答の根拠を本文中に求める

次に解答の根拠を本文中に求めましょう。

だんだん、はなしが「浦島太郎」みたいになってきた、と彼は思った。継母の語り口は、かならずしもタドタドしくはなかった。ただ、郷里のナマリを気にして東京風のアクセントをまねしようとしているために、まるで芝居のセリフをしゃべっているような大袈裟《おおげさ》な口調にきこえてしまうのだ。彼は犬の頸筋を撫《な》でまわしていたが、ふと首の付け根の頸骨《けいこつ》の両側に、骨ともコブともつかない奇妙なものがあるのを発見した。——何だろう、これは？　**犬も十八年のよわいを閲すると、肩が凝ってこのような大きなカタマリが出来てしまうものであろうか——**。彼は動物学者の父親に、犬の肩凝りについての説明を訊きたいと思った。

（中略）

そのときだった、彼は父の顔を見た。すると、**父もまた眠たげに眼蓋《まぶた》を下げていたが、それが不意にパチリとひらき、あらぬ方をキョロッと見つめたかと思うと、たちまちまた弾力を失った眼蓋がずりおちてくる。一瞬、彼はその顔に一頭の老犬を想い浮かべ、はっとして、継母の顔をうかがった。**だが彼女は、まだ熱心に睡魔とたたかう幼犬のことを語りつづけた……。すでに日は暮れかけているのであろうか、縁側の古ぼけた障子に弱い日脚がうつり、こたつに背をまるめた父は重そうな頭を次第に低く、何度もヤグラ蒲団《ぶとん》のうえに近づけては、また上げる。仄暗《ほのぐら》さの中でも彼は、父の頤《あご》の下から喉もとへかけての皮膚がシワになってたるみ、それが頭の上下につれて伸び縮みするたびに、トリの砂袋みたいに揺れるのを認めた。それは、さっき戸外の明るい日光のもとで見た父のツヤヤカな赤味ざしたような顔色とはまったく逆に、一挙に老化した疲労の影が蔽《おお》いようもなくアカラサマに出ていた。

（中略）

「毎晩、夜寝るときは、おじいちゃんとあたしとで、チビちゃんの奪い合いになりますの……。そうするとチビちゃんは、ちゃんと二人の蒲団の真ン中でそれを見てて、はじめに、おじいちゃんの蒲団へもぐって寝てから、夜中におじいちゃんのところから、そっとあたしの方へ這《は》い込んできますのよ」

と、うれしそうに笑った。

「へーえ」

彼は、アイヅチを打ちながら、犬の鼻先をながめ、D**ふと家じゅうが、けだものの臭いで充満してくる気がした。**

ここまでの展開を見ると、「かつては元気だった父」が「老化した印象」を与えるようになり、「老犬」と「類似」しているように見えたということがあります。

「老犬」と「父」が「類似」している印象を与えたことを比喩的に「家じゅうが、けだものの臭いで充満してくる気がした」と言っているのです。

ここまでをまとめると次のようになります。

原因 半年前までは元気だった父が居眠りをしている姿を見て別人のように思い、「老化した」印象を持った

↓

心情 「老犬」と「父」が似ていると思った

この因果関係をふまえて正解を選びましょう。

ステップ3 正解の選択肢を選ぶ

正解はｃ「彼と同居していたときは自立していた父が、再婚を機に、継母の世話を受けるようになり、今では病人のような存在になってしまった。学者だった頃の面影もなく、犬同様、生活の世話を継母にされるだけになっている父の姿を見て人間性が損なわれているように感じ、継母の関心の中心が犬にあることに嫌悪感を抱いている。」となります。父と犬の「類似」関係が指摘できているのはこの選択肢です。

他の選択肢を検討してみましょう。

ａ「そのことに彼は尊敬の念を抱きつつも」が誤りです。そのようなプラス心情はありません。

ｂ「犬が再婚した二人のかすがいになっている現状」が誤りです。「犬」の取り合いをしています。

ｄ「継母は、父に情けをかけることで、父、ひいては彼から見返りを得ようとしている。彼はそのような動物的な欲深さに気づき、継母に対し激しい反発感を抱いている」が誤りです。犬と同じ様になってしまったのは父です。ｅ「ただ、継母にとってはなによりも犬の存在が大きく、彼はそのような姿を犬が家を支配しているようだと感じ」が誤りです。父が犬のようになってしまっていることが指摘できていません。

第9講のまとめ

「原因」と「結果」から「心情」をとらえよう

実践問題9 解答

問1 c
問2 b
問3 e
問4 c

第10講

「内容真偽」の問題を解くための解答テクニック

所要学習時間 60分

この講を学ぶ意義

いよいよ最終講ですね。最初は大変だと思った現代文も一つずつ困難を分割して学んでいくことで、入試問題を攻略できるということをわかってもらいます。これから大学に進学し、医療の現場で働くことになっても、数々の困難が待ち受けていることでしょう。しかし、どのような困難も分割して一つずつ解決していけば、必ず道は開けます。

この講で身につく読解テクニック

□「内容真偽問題」を解くためのテクニック

10-1 選択肢が「正しい」か、「正しくない」か、どう判断したらいいの

選択肢が正しいか、正しくないかは「文章に書かれているかどうか」できまります。ですから、選択肢を見たら、本文と対応させて正しいか正しくないかを判断していきましょう。そのときに、**「形」→「内容」という順番で対応させていってください**。なんとなく本文に書いてありそうだと思っても、「形」が違うと正しくないと

いうことになります。

一つ例題を見てみましょう。

例題1　次の文を読んで、後の問いに答えよ。

大学入試で合格するためには、勉強をしなければならない。

問　次の選択肢のなかで、本文の趣旨と合致するものを「正」、合致しないものを「誤」とせよ。

①　大学入試で合格するためには、勉強をしなければならない。

②　人間は、勉強をしなければならない。

③　人生を豊かにするために、勉強をしなければならない。

①は本文に書かれている通りなので、「正」とわかります。

②は本文に書かれていますが、「～のために」の部分が書かれていません。これですと、「人間はみんな勉強をしなければならない」という意味になってしまいます。なんとなく正しそうですが、本文では「大学入試で合格するために」と述べられており、「人間はみんな」とは述べられていません。ですから、「誤」となります。

③は「人生を豊かにするために」となっています。「～のために」の内容が違うので、「誤」となります。

このように、なんとなく良いこと、正しそうなことを言っている選択肢も本文で述べられていなければ、誤りとなるのです。「形」→「内容」という順番でチェックするようにしましょう。

「正しいか正しくないか」の判断の仕方

☑「形」をとらえる
☑「内容」をとらえる
☑「文章」と比較して判断する

それでは実践問題を解いていきましょう。

実践問題10

2020年 獨協医科大学看護学部

次の文章は広井《ひろい》良典《よしのり》『講座ケア　新たな人間―社会像に向けて　第1巻　ケアとは何だろうか――領域の壁を越えて――』より、「序章　いま『ケア』を考えることの意味」の一節である（ただし、出題の都合上、一部表記を変更・省略している）。これを読んで、後の問に答えなさい。

成長・拡大の時代とは、人間が技術（テクノロジー）を使って新たな形で自然資源を利用し――強い表現を用いれば自然をⅠ《搾取》し――、物質的生産を拡大させるという時代に他ならない。近代以降について言えば、特に一八世紀に生じたいわゆる産業革命を通じた産業技術の展開と、それにともなう石炭・石油等の地下資源の大規模な開発がそのベースをなしていた。

こうした時代においては、そのような「自然のコントロールないし支配」と、それによる「物質的生産の量的成長」あるいは《外的な拡大》ということに人々の主たる関心が向かい、たとえばコミュニティや人と人との関係のあり方といったものは、それに対して半ば《手段的》なものとして[Ⅱ]退き、一次的な関心事からは後退する。これに対し、成熟・定常化の時代においては、そのような《外に向かっての物質的拡大》が何らかの理由（需要の[a]ホウワや資源・環境的制約）で限界に至り、人々の関心のベクトルがいわば反転して自ら自身、ないし人間と人間の「関係性」そのものに向かうという現象が生じるのではないだろうか。そしてここでまさに浮上するのが「ケア」というテーマではないだろうか。

こうした意味で、ケアというテーマについて考えることは、成長・拡大の時代とは質的に異なるような、人間と人間、そして人間と自然の関係のあり方を再考することと重なるのである。

実は、ここで意外にも、「ケア」ということがもっとも早い段階で言われるようになった文脈との関わりが出てくる。それは医療の領域で、一九七〇年代前後から「キュアからケアへ」ということが様々な場面で論じられるようになっており、［ア］それが「ケア」という言葉が一般的な関心を集めたもっとも初期の流れだったと思われる。その中には、急性疾患に対する慢性疾患一般への対応においてケアが重要ということの他、自ずと終末期ケアないしターミナルケアをめぐる課題が含まれていた。日本でももっとも早く「ケア」という言葉を本のタイトルに使ったのが、精神科医で死の臨床に深く関わっていた柏木哲夫（かしわぎてつお）の『死にゆく人々のケア』（医学書院、一九七八年）であったことは象徴的である。

いまあらためて、こうした本がいまから三〇年以上も前に公刊されていたこと（およびその先駆性）にある種の感慨を禁じえないが、ここでの文脈に引き寄せて考えれば、おそらくこの本の出された一九七八年という時期は、いわゆる高度経済成長の最盛期（一九五〇年代～六〇年代ないし一九七三年のオイルショックまで）が終わり、福祉元年（一九七三年）や公害問題といったことが議論されるようになり、それまでの日本社会の発展のあり方に様々な疑念が提起されつつあった時代だったと言える。やや冷めた見方をすれば、日本社会が残念ながらその後も従来型の成長モデルを追求し続け（バブル崩壊を経験し、その後もなお《景気対策》を繰り返して財政赤字を累積させ）てきたことと、「ケア」というテーマが広い文脈において共有されるまでに時間がかかったことは、おそらくパラレルなことだったと言えるだろう。

ここで言わんとすることは、「キュアからケアへ」という考え方は、通常思われているように単に医療の場面における「治療のみならず配慮や支援という対応が重要」という趣旨にとどまるものではなく、(1)より普遍的な広がりをもっているということである。

たとえばそれは、「自然」との関わりについても言える。つまり自然というものを、先ほど「成長・拡大」期の発想として述べたように、単に《利用》するとか、《コントロール、支配》といった方向でのみとらえるのではなく（これは医療での「キュア」とつながる）、むしろそれとの何らかのつながりを回復することで、人間自身が癒されたり、一定の持続可能な関係が実現できるという発想である。このように、「ケア」というテーマは、（一般には人間と人間の関係を中心に論じられることが多いけれども）「自然」との関わりとも深く関わるものである。

そしてこれをいま述べている社会的な文脈の中で見るならば、「成長・拡大」の時代においては、人間と自然を切り離し、人間が自然資源を限りなく利用・搾取することで物質的生産を増大させ、その結果「成長」をトげてきたわけだが、そうした関係を根本から再編していく成熟化ないし定常化の時代においては、前述のような自然との関わりの見直しとも並行して「ケア」というテーマが浮上することになる。

イ 話題を広げることになるが、(2)現代社会あるいは経済の成熟化の時代における「ケア」のもつ意味に関して、環境政策などの分野で議論される「労働生産性から環境効率性へのシフト」という話題とケアとの関わりについて述べておきたい。

「労働生産性から環境効率性へのシフト」とは次のような趣旨である。かつての時代、とりわけ高度成長期は「人手（労働力）が不足し、自然資源は十分にある」という状況だったので、《できる限り少ない労働力で多くの生産を上げる》こと、つまり「労働生産性」が何より重要とされた。しかし現在では状況は大きく変わり、日本を含む先進諸国において高い失業率が慢性化しているように、むしろ「労働力が余り、自然資源が足りない」という、従来とは逆の事態となっている。こうした時代には、むしろ「人」を多く活用し、逆に自然資源を節約することが課題となり、［ウ］生産性の概念を「労働生産性」から「環境効率性（ないし資源生産性）」（＝人はむしろ積極的に活用しつつ、できる限り少ない自然資源や環境負荷で生産を行うこと）へ転換することが本質的な重要性をもつ。

そうなると、これまで《［X］》ことの典型とされてきた介護や福祉、教育などの分野、つまり「ケア」に関わる分野に全く新しい意義が生まれることになる。つまり、ケアという「労働集約的」な分野に資源配分をしていくことこそが、（以上のような新たな生産性の概念あるいは失業率低下といった意味で）「経済」にとってもプラスになるのである。「ケア」分野に積極的な投資あるいは資源配分を行っている北欧などの国が、経済においても一定以上の良好なパフォーマンスを示しているのは、(3)こうした点とも関連があると思われる。

このように、ケアについて考えることは、社会における「生産性」や「経済」という基本概念そのものの根本的な見直しや再定義につながることになる。またそれは、いま述べた環境効率性ないし資源生産性というコンセプトをさらに超えて、いわば「ケア充足性」とも呼ぶべき新たな概念をヨウセイ[c]することになるだろう。

問1 傍線部Ⅰ「搾取」、Ⅱ「退」、Ⅲ「累積」の読み方として最も適切なものを、それぞれ次の①～④のうちから一つずつ選びなさい。Ⅰ 1 ・Ⅱ 2 ・Ⅲ 3

Ⅰ ① さしゅ ② さくしゅ ③ さいしゅ ④ せっしゅ

Ⅱ ① しりぞ ② はぶ ③ のぞ ④ たた

Ⅲ ① ちくせき ② さんせき ③ たいせき ④ るいせき

問2 傍線部a「ホウワ」、b「ト（げて）」、c「ヨウセイ」と同じ漢字を含むものとして最も適切なものを、それぞれ次の①～④のうちから一つずつ選びなさい。a 4 ・b 5 ・c 6

a ① ラジオのホウソウがある ② 社会にホウシする

③　ホウフな経験がある　④　ホウショクの時代を生きる

b
①　ミスイに終わる　②　スイミンをたっぷりとる
③　答えをルイスイする　④　体力がスイジャクする

c
①　厳しいセイサイを受ける　②　キンセイのとれた体だ
③　代金をセイキュウする　④　オウセイな生命力

問3　空欄ア～ウに入れる語句として最も適切なものを、それぞれ次の①～⑥のうちから一つずつ選びなさい（ただし、同じ語句を二度以上用いてはならない）。ア［7］・イ［8］・ウ［9］

①　おそらく　②　とはいえ　③　さらに　④　むしろ
⑤　ただし　⑥　したがって

問4　傍線部（1）「より普遍的な広がりをもっている」とあるが、それはどういうことか。その説明として最も適切なものを、次の①～④のうちから一つ選びなさい。［10］

①　「キュアからケアへ」という動きは、終末期ケアないしターミナルケアをめぐる課題だけではなく、福祉元年や公害問題をはじめとする日本社会の発展のあり方についての議論にまで波及しているとい

うこと。

② 「キュアからケアへ」というテーマは、医療において「治療のみならず配慮や支援という対応が重要」になるというだけではなく、自然の豊かさをいかに回復させるかという環境問題にまで拡大しているということ。

③ 「キュアからケアへ」という考え方は、医療の場面のみならず、人間と自然との関係においても、自然を単なる利用手段としてではなく、持続可能な関係を結ぶ対象とみなす可能性を有しているということ。

④ 「キュアからケアへ」という発想は、人間自身の癒しや回復を願うことだけではなく、「成長・拡大」を求めて自然を利用・支配してきた、これまでの労働のあり方に警告を発しているということ。

問5 傍線部（2）「現代社会あるいは経済の成熟化の時代における『ケア』のもつ意味」とあるが、それはどのようなことか。その説明として最も適切なものを、次の①〜④のうちから一つ選びなさい。 11

① ケアというテーマの浮上が、環境政策において「労働生産性から環境効率性へのシフト」という反動を招いているということ。

② ケアという考えが広く共有され、できるだけ少ない自然資源や環境負荷での生産力の向上が可能になっているということ。

③ ケアという考え方が、人間と自然を切り離してきた従来のあり方を、人間と自然の一体化へと再編させるということ。

④ ケアについて考えることが、社会における「生産性」や「経済」という概念の根本的な見直しや再

定義につながるということ。

問6 空欄Xに入れる語句として最も適切なものを、次の①~④のうちから一つ選びなさい。 12

① 生産性が低い　② 効率が悪い　③ 発展性がない
④ 信用度が高い

問7 傍線部(3)「こうした点」とあるが、それはどのような点か。その説明として最も適切なものを、次の①~④のうちから一つ選びなさい。 13

①「ケア」分野に積極的な投資をしている国々が前例のない経済成長を成しとげている点。
② 介護や福祉、教育などの分野により多くの資源を配分するようにシフトしている点。
③ 未来の「ケア」が「環境効率性(ないし資源生産性)」というコンセプトを超えている点。
④ 介護や福祉、教育などの分野により多くの労働者が以前より集まっている点。

問8 本文の趣旨として最も適切なものを、次の①~④のうちから一つ選びなさい。 14

① 生産性の概念における、「労働生産性」から「環境効率性(ないし資源生産性)」への転換は、現代社会で「ケア」分野に積極的な投資あるいは資源配分を行っていくことではじめて完成される。
② 成長・拡大の時代が終わり、成熟化・定常化の時代を迎えた現代では、「ケア」という分野に資源配分していくことが経済にもプラスになり、「ケア充足性」の改善にもつながることになる。
③「労働力が余り、自然資源が足りない」という問題を解決していくためには、介護や福祉、教育など

の分野で多くの人材を積極的に活用して、従来の環境効率性の制約を超えていくことが必要になる。

④「労働生産性から環境効率性へのシフト」が重要視されるなかで、介護や福祉、教育などの「ケア」に関わる分野が注目されるようになったが、今後はさらに「ケア」についての新しい考え方が求められている。

文章解説

第一意味段落（第一段落～第三段落）「ケア」がテーマになる時代背景

拡大・成長の時代とは、人間が技術を使って自然資源を利用し、物質的生産を拡大させるという時代である。こうした時代においては物質的生産を拡大させることに人々の主たる関心が向かい、人と人の関係性についてはあまり考えられない。これに対して、成熟・定常化の時代においては、そのような物質的生産が何らかの理由で限界にいたり、人々の関心のベクトルが反転して人と人の関係性に向かうという事が起こる。このときに「ケア」というテーマが浮上する。

第二意味段落（第四段落～第五段落）日本で「ケア」がテーマになった時期

医療の領域で一九七〇年代前後から「キュアからケアへ」ということが様々な場面で論じられるようになった。日本でもっとも早く「ケア」という言葉を本のタイトルに使ったのが、柏木哲夫の『死にゆく人々のケア』であるが、一九七八年に刊行されている。この時期は高度成長期が終わり、福祉元年や公害問題といったことが議論され、それまでの日本社会の発展のあり方に疑問が提起されつつあった時代だった。

第三意味段落（第六段落～第八段落）「キュアからケアへ」という考え方

「キュアからケアへ」という考え方は、「治療のみならず配慮や支援という対応が重要」という趣旨にとどまらず、「自然を支配するのみならず自然とのつながりを回復することで人間自身が癒やされたり、一定の持続可能な関係が実現できる」という発想である。拡大・成長の時代には自然を支配してきたが、成熟・定常化の時代においては自然との関わりが見直され、「ケア」というテーマが浮上する。

第四意味段落（第九段落～第十二段落）「ケア充足性」という新しい概念

「ケア」というテーマは「労働生産性から環境効率性へ」のシフトとも関わっている。かつてはできる限り少ない労働力で多くの生産を上げることが重要とされた。しかし現在では「労働力が余り、自然資源が足りない」という事態になっている。そうなると、介護や福祉、教育などの分野、つまり「ケア」という「労働集約的」な分野に資源を分配していくことが経済においてもプラスになる。すると。環境効率性ないし環境生産性をさらに超えて、「ケア充足性」とも呼ぶべき新たな概念が必要になる。

文章の展開

差異

拡大・成長の時代　物質的生産を拡大させることに関心

×これに対して、

成熟・定常化の時代　人と人の関係性に関心

↓

「キュア」から「ケア」へ

差異

「キュア」＝自然（病気）をコントロール→治療

×

「ケア」＝自然（病気）と一定の持続可能な関係→癒やし

時代背景

労働力が足りない時代から、労働力が余る時代へ

「労働生産性」から「環境効率性」へ

↓

これからの時代

「ケア」分野に積極的な投資あるいは資源配分を行う

「環境効率性」から「ケア充足性」へ

設問解説

問1　解答

Ⅰ「搾取」②さくしゅ
Ⅱ「退」①しりぞ
Ⅲ「累積」④るいせき

問2　解答

a「ホウワ」　飽和　**正解**　④飽食　**他の選択肢**　①放送　②奉仕　③豊富
b「ト（げて）」　遂げて　**正解**　①未遂　**他の選択肢**　②睡眠　③類推　④衰弱
c「ヨウセイ」　要請　**正解**　③請求　**他の選択肢**　①制裁　②均整　④旺盛

問3　ア

ステップ1　空所を含む一文の分析

まずは空所を含む一文の構造を確認しましょう。

それは医療の領域で、〈一九七〇年代前後から「キュアからケアへ」ということが〉様々な場面で論じられるようになっており、
ア
主語　〈それが〉「ケア」という言葉が一般的な関心を集めたもっとも初期の流れだったと思われる。　**述部**

文の構造をとらえると、「それが」が主語で、「『ケア』という言葉が一般的な関心を集めたもっとも初期の流れだったと思われる」が述部だとわかります。空所の前は「それ」の指示内容です。

ステップ2 正解の選択肢を選ぶ

正解は①「おそらく」となります。「おそらく」は「〜と思われる」と呼応する副詞です。接続表現が入るとしたら、「つまり」などの「言い換え」の接続表現がふさわしいのですが、今回は「言い換え」の接続表現がありません。ですから、「おそらく」という副詞を入れることになります。

問3 イ

ステップ1 空所を含む一文の分析

まずは空所を含む一文の構造を確認しましょう。

イ 話題を広げることになるが、②現代社会あるいは経済の成熟化の時代における「ケア」のもつ意味に関して、環境政策などの分野で議論される「労働生産性から環境効率性へのシフト」という話題とケアとの関わりについて述べておきたい。

空所の直後は「話題を広げることになる」とあり、以降「環境政策などの分野で議論される『労働生産性から環境効率性へのシフト』という話題とケアとの関わり」について述べられることになります。

ステップ2　解答の根拠を求める

次に本文中に解答の根拠を求めましょう。

ここで言わんとすることは、「キュアからケアへ」という考え方は、通常思われているように単に医療の場面における「治療のみならず配慮や支援という対応が重要」という趣旨にとどまるものではなく、①**より普遍的な広がりをもっている**ということである。

（中略）

そしてこれをいま述べている社会的な文脈の中で見るならば、「成長・拡大」の時代においては、人間と自然を切り離し、人間が自然資源を限りなく利用・搾取することで物質的生産を増大させ、その結果「成長」を[b]トげてきたわけだが、そうした関係を根本から再編していく成熟化ないし定常化の時代においては、前述のような自然との関わりの見直しとも並行して「ケア」というテーマが浮上することになる。

［イ］**話題を広げる**ことになるが、②現代社会あるいは経済の成熟化の時代における「ケア」のもつ意味に関して、**環境政策などの分野で議論される「労働生産性から環境効率性へのシフト」という話題とケアとの関わり**について述べておきたい。

空所の前で一度話題を広げているので、もう一度話題を広げるということになります。

ステップ3　正解の選択肢を選ぶ

正解は③「さらに」となります。「ケア」に関して二回話題を広げているので、「添加」の接続表現「さらに」を入れましょう。

問3　ウ

ステップ1　空所を含む一文の構造の分析

まずは空所を含む一文の構造を確認しましょう。

こうした時代には、むしろ〈「人」を多く活用し、逆に自然資源を節約することが〉課題となり、〈生産性の概念を「労働生産性」から「環境効率性（ないし資源生産性）」（＝人はむしろ積極的に活用しつつ、できる限り少ない自然資源や環境負荷で生産を行うこと）へ転換することが〉本質的な重要性をもつ。

空所の前は「『人』を多く活用し、逆に自然資源を節約することが課題となり」となっており、空所の後は「生産性の概念を「労働生産性」から「環境効率性（ないし資源生産性）」（＝人はむしろ積極的に活用しつつ、できる限り少ない自然資源や環境負荷で生産を行うこと）へ転換することが〉本質的な重要性をもつ」となっています。この前後の文の関係を整理すると次のようになります。

①「人」を多く活用し、逆に自然資源を節約することが課題となり

←

②「人」は〔むしろ〕積極的に活用しつつ、できる限り少ない自然資源や環境負荷で生産を行うことへ転換

①→②と順接でつなげば良いとわかります。

ステップ2 正解の選択肢を選ぶ

正解は⑥「したがって」となります。「したがって」は順接の接続表現です。

他の選択肢を検討してみましょう。②「とはいえ」は逆接の接続表現です。④「むしろ」は副詞で「Aよりも、むしろB」や「AではなくむしろB」というように、前後が反対の内容が来るときに用います。「ただし」は補足の接続表現です。反対の内容を補足するときに用います。

問4

ステップ1 傍線部を含む一文の分析

まずは傍線部を含む一文の構造を確認しましょう。

主部①
〈ここで言わんとすることは〉、
主部②
〈「キュアからケアへ」という考え方は〉、

A

通常思われているように単に医療の場面における「治療のみならず配慮や支援という対応が重要」という趣旨にとどまるものではなく、

B　述部②

①より普遍的な広がりをもっている

述部①

ということである。

文の構造をとらえると、主部①―主部②のセットに主部②―述部②のセットが挟み込まれています。このような構造を「入れ子構造」と言います。

傍線部に対する主部は「『キュアからケアへ』という考え方は」なので、この考え方の意味をとらえに行きましょう。

そのときに注意しておきたいのが、「Aにとどまるものではなく、B」という形です。これは「並列」の形です。

「並列」の形

- ☑ ① Aだけでなく、Bも
- ☑ ② Aのみならず、Bも
- ☑ ③ Aにとどまるものではなく、B

この形が出てきた場合は「A」の内容は前、「B」の内容は後ろに書かれていることが多いです。今回の傍線部は「B」の部分に引かれていることに注意して、解答の根拠を求めましょう。

ステップ2　解答の根拠を探す

周囲の文章を見てみましょう。

ここで言わんとすることは、〈「キュアからケアへ」という考え方は〉、通常思われているように単に**医療の場面における「治療のみならず配慮や支援という対応が重要」という趣旨**にとどまるものではなく、(1)**より普遍的な広がりをもっている**ということである。

たとえばそれは、「自然」との関わりについても言える。つまり自然というものを、先ほど「成長・拡大」期の発想として述べたように、単に**《利用》するとか、《コントロール、支配》といった方向で**のみとらえる**のではなく（これは医療での「キュア」とつながる）、むしろそれとの何らかのつながりを回復することで、人間自身が癒されたり、一定の持続可能な関係が実現できるという発想**である。このように、「ケア」というテーマは、（一般には人間と人間の関係を中心に論じられることが多いけれども）**「自然」との関わり**とも深く関わるものである。

そしてこれをいま述べている社会的な文脈の中で見るならば、「成長・拡大」の時代においては、人間と自然を切り離し、人間が自然資源を限りなく利用・搾取することで物質的生産を増大させ、その結果「成長」を[b]トげてきたわけだが、そうした関係を根本から再編していく成熟化ないし定常化の時代においては、

……前述のような**自然との関わりの見直し**とも並行して「ケア」というテーマが浮上することになる。

「キュアからケアへ」という考え方は、「医療の場面」だけでなく「人間と自然との関わり」についても言えるという内容が整理できれば、正解を選ぶことができます。……

ステップ3　正解の選択肢を選ぶ

正解は③「『キュアからケアへ』という考え方は、医療の場面のみならず、人間と自然との関係においても、自然を単なる利用手段としてではなく、持続可能な関係を結ぶ対象とみなす可能性を有しているということ。」となります。

他の選択肢を検討してみましょう。①は「終末期ケアないしターミナルケアをめぐる課題だけではなく、福祉元年や公害問題をはじめとする日本社会の発展のあり方についての議論にまで波及している」が「並列」になっている内容が異なるため、誤りです。②「自然の豊かさをいかに回復させるかという環境問題にまで拡大している」という部分が「B」の内容と異なるので、誤りです。④「『成長・拡大』を求めて自然を利用・支配してきた、これまでの労働のあり方に警告を発している」という部分が「B」の内容と異なるので、誤りです。「B」の部分は「自然の豊かさ」ではなく「人間と自然との関わり」です。

問5

ステップ1　傍線部を含む一文の分析

まずは傍線部を含む一文の構造を確認しましょう。

さらに話題を広げることになるが、(2)現代社会あるいは経済の成熟化の時代における「ケア」のもつ意味に関して、環境政策などの分野で議論される「労働生産性から環境効率性へのシフト」という話題とケアとの関わりについて述べておきたい。

「キュアからケアへ」というテーマに関してあらたに付け加えられた「話題」として、「環境政策などの分野で議論される『労働生産性から環境効率性へのシフト』という話題とケアとの関わり」が挙げられます。「さらに」で付け加えられた話題ですから、後ろに解答の根拠を求めましょう。

ステップ2　解答の根拠を探す

周囲の文章を見てみましょう。

イ 話題を広げることになるが、(2)現代社会あるいは経済の成熟化の時代における「ケア」のもつ意味に関して、環境政策などの分野で議論される「労働生産性から環境効率性へのシフト」という話題とケアとの関わりについて述べておきたい。

「労働生産性から環境効率性へのシフト」とは次のような趣旨である。かつての時代、とりわけ高度成長期は「人手（労働力）が不足し、自然資源は十分にある」という状況だったので、《できる限り少ない労働力で多くの生産を上げる》こと、つまり「労働生産性」が何より重要とされた。しかし**現在では状況は大きく変わり、日本を含む先進諸国において高い失業率が慢性化しているように、**むしろ**「労働力が余り、自然資源が足りない」という、従来とは逆の事態となっている。**こうした時代には、むしろ「人」を多く活用し、逆に自然資源を節約することが課題となり、ウ生産性の概念を「労働生産性」から「環境効率性（ないし資源生産性）」（＝人はむしろ積極的に活用しつつ、できる限り少ない自然資源や環境負荷で生産を行うこと）へ転換することが本質的な重要性をもつ。

そうなると、これまで《X》ことの典型とされてきた介護や福祉、教育などの分野、つまり「ケア」**に関わる分野に全く新しい意義が生まれる**ことになる。つまり、**ケアという「労働集約的」な分野に資源配分をしていくことこそが、（以上のような新たな生産性の概念あるいは失業率低下といった意味で）「経済」にとってもプラスになるのである。**（具体例）（「ケア」分野に積極的な投資あるいは資源配分を行っている北欧などの国が、経済においても一定以上の良好なパフォーマンスを示しているのは、(3)こうした点とも関連があると思われる。）

このように、**ケアについて考えることは、社会における「生産性」や「経済」という基本概念そのものの根本的な見直しや再定義につながることになる。**またそれは、いま述べた環境効率性ないし資源生産性というコンセプトをさらに超えて、いわば「ケア充足性」とも呼ぶべき新たな概念をヨウセイ(c)することになるだろう。

ここまでをまとめると次のようになります。

「労働生産性」（かつての時代、とりわけ高度成長期）

人手（労働力）が不足し、自然資源は十分にあるという状況だった[ので]

できる限り少ない労働力で多くの生産を上げることが重要だった

←

「環境効率性」（現代社会あるいは経済の成熟化の時代）

「労働力が余り、自然資源が足りない」という、従来とは逆の事態となっている[ので]

人はむしろ積極的に活用しつつ、できる限り少ない自然資源や環境負荷で生産を行う

←[すると]

「ケア」に関わる分野に全く新しい意義

＝ケアという「労働集約的」な分野に資源配分をしていくことこそが「経済」にとってもプラスになる

←[まとめ]

ケアについて考えることは、社会における「生産性」や「経済」という基本概念そのものの根本的な見直しや再定義につながることになる

この内容が整理できれば、正解することができます。

ステップ3　正解の選択肢を選ぶ

正解は④「ケアについて考えることが、社会における「生産性」や「経済」という概念の根本的な見直しや再定義につながるということ。」となります。

他の選択肢を検討してみましょう。①「ケアというテーマの浮上」→「環境政策において「労働生産性から環境効率性へのシフト」という反動を招いている」という因果関係逆になっているので、誤りです。「労働生産性から環境効率性へのシフト」→「ケアに新しい意義が生まれる」でした。②「できるだけ少ない自然資源や環境負荷での生産力の向上」はケアがテーマになる以前の考え方なので、誤りです。③「人間と自然の一体化へと再編させる」は「さらに話題を広げる」前の話なので、誤りです。

問6

ステップ1　空所を含む一文の分析

まずは空所を含む一文の構造を確認しましょう。

修飾部　　　　　　　　　　　　　被修飾部

そうなると、「これまで《X》ことの典型とされてきた」介護や福祉、教育などの分野、つまり「ケア」に関わる分野に〈全く新しい意義が〉生まれることになる。

文の構造をとらえると、「これまで《X》ことの典型とされてきた」が修飾部で、「介護や福祉、教育などの分野、つまり「ケア」に関わる分野」の説明をしているということがわかります。「ケア」はこれま

ではどうだったのか。新しい意義とは何なのかを求めましょう・

ステップ2　解答の根拠を探す

次に解答の根拠を本文中に求めましょう。

そうなると、「これまで《　X　》ことの典型とされてきた」介護や福祉、教育などの分野、つまり「ケア」に関わる分野に〈全く新しい意義が〉生まれることになる。つまり、ケアという「労働集約的」な分野に資源配分をしていくことこそが、（以上のような新たな生産性の概念あるいは失業率低下といった意味で）「経済」にとってもプラスになるのである。

「ケア」のかつてのあり方と新しいあり方がわかれば、空所に何が入るのかが見えてきます。

「かつてのケア」＝《　X　》ことの典型
↔
「新しいケア」＝新たな生産性の概念あるいは失業率低下といった意味で「経済」にとってもプラス

「新しいケア」は新たな生産性の概念において「経済」にとってプラスだとわかれば、「かつてのケア」は生産性においてマイナスだったのではないかと考えることができます。

ステップ3　正解の選択肢を選ぶ

正解は①「生産性が低い」となります。「生産性においてマイナス」という意味になるものはこれしかありません。②「効率が悪い」も似たような意味ですが、わざわざ「新たな生産性の概念」といっているので「かつての生産性の概念」と対比させましょう。③「発展性がない」は「生産性においてマイナス」という意味になりません。④「信用度が高い」はプラスイメージなので、誤りとなります。

問7

ステップ1　傍線部を含む一文の分析

まずは傍線部を含む一文の構造を確認しましょう。

主部
〈「ケア」分野に積極的な投資あるいは資源配分を行っている北欧などの国が、経済においても一定以上の良好なパフォーマンスを示しているのは〉、

修飾部　　**述部**
(3)「こうした点とも」関連があると思われる。

「こうした」というのはまとめの指示語です。ですから、前のまとめの部分を解答の根拠として求めましょう。

ステップ2 解答の根拠を探す

周囲の文章を見てみましょう。

そうなると、これまで《 X 》ことの典型とされてきた**介護や福祉、教育などの分野、つまり「ケア」に関わる分野**に全く新しい意義が生まれることになる。つまり、**ケアという「労働集約的」な分野に資源配分をしていくことこそが、（以上のような新たな生産性の概念あるいは失業率低下といった意味で）「経済」にとってもプラスになるのである。**具体例（「ケア」分野に積極的な投資あるいは資源配分を行っている北欧などの国が、経済においても一定以上の良好なパフォーマンスを示しているのは、③こうした点とも関連があると思われる。）

前文の「つまり」の後がまとめになっています。「こうした」はまとめの指示語ですから、「つまり」の後の部分を根拠として、解答を選びましょう。

ステップ3 正解の選択肢を選ぶ

正解は②「介護や福祉、教育などの分野により多くの資源を配分するようにシフトしている点。」となります。

他の選択肢を検討してみましょう。①「「ケア」分野に積極的な投資をしている国々が前例のない経済成長を成しとげている点。」前文の内容ではないため、誤りです。③「未来の「ケア」が「環境効率性（ないし資源生産性）」というコンセプトを超えている点。」は指示語の後ろに書いてある内容なので、誤りです。④「介護や福祉、教育などの分野により多くの労働者が以前より集まっている点。」は「資源配分」が説明されていないため、誤りです。

問八

ステップ1　選択肢の分析

まずは選択肢を確認しましょう。

① 生産性の概念における、「労働生産性」から「環境効率性（ないし資源生産性）」への転換は、現代社会で「ケア」分野に積極的な投資あるいは資源配分を行っていくことではじめて完成される。

「はじめて」に注目しましょう。

現代社会で「ケア」分野に積極的な投資あるいは資源配分を行っていく

←

生産性の概念における、「労働生産性」から「環境効率性（ないし資源生産性）」への転換が完成

ステップ2　解答の根拠を探す

第十段落と第十一段落を確認してください。

生産性の概念における、「労働生産性」から「環境効率性（ないし資源生産性）」への転換

←そうなると

現代社会で「ケア」分野に積極的な投資あるいは資源配分を行っていく

というように、順番が「逆」になっています。ですから、①は誤りとなります。

ステップ1　選択肢の分析

② 成長・拡大の時代が終わり、成熟化・定常化の時代を迎えた現代では、「ケア」という分野に資源配分していくことが経済にもプラスになり、「ケア充足性」の改善にもつながることになる。

ステップ2　解答の根拠を探す

第十二段落を確認してください。

このように、ケアについて考えることは、社会における「生産性」や「経済」という基本概念そのものの根本的な見直しや再定義につながることになる。またそれは、いま述べた環境効率性ないし資源生産性というコンセプトをさらに超えて、いわば「ケア充足性」とも呼ぶべき新たな概念を[c]ヨウセイすることになるだろう。

「ケア充足性」の改善という内容はありません。ですから、②は誤りとなります。

ステップ1　選択肢の分析

③「労働力が余り、自然資源が足りない」という問題を解決していくためには、介護や福祉、教育などの分野で多くの人材を積極的に活用して、従来の環境効率性の制約を超えていくことが必要になる。

ステップ2　解答の根拠を探す

第十段落を確認してください。

こうした時代には、むしろ「人」を多く活用し、逆に自然資源を節約することが課題となり、ウ生産性の概念を「労働生産性」から「環境効率性（ないし資源生産性）」（＝人はむしろ積極的に活用しつつ、できる限り少ない自然資源や環境負荷で生産を行うこと）へ転換することが本質的な重要性をもつ。

この内容と合致しません。「環境効率性の制約を超えていくことが必要」とは言われていません。ですから、誤りとなります。

ステップ1　選択肢の分析

④「労働生産性から環境効率性へのシフト」が重要視されるなかで、介護や福祉、教育などの「ケア」に関わる分野が注目されるようになったが、今後はさらに「ケア」についての新しい考え方が求められている。

ステップ2　解答の根拠を探す

第十二段落を確認してください。

このように、ケアについて考えることは、社会における「生産性」や「経済」という基本概念そのものの根本的な見直しや再定義につながることになる。またそれは、いま述べた環境効率性ないし資源生産性というコンセプトをさらに超えて、いわば「ケア充足性」とも呼ぶべき新たな概念をヨウセイすることになるだろう。

「『ケア充足性』とも呼ぶべき新たな概念を要請」と合致します。④が正解となります。

第10講のまとめ

「形」と「内容」に注目して、選択肢と文章を照らし合わせよう

実践問題10　解答

問1 Ⅰ②　Ⅱ①　Ⅲ④　問2 a④　b①　c③
問3 ア①　イ③　ウ⑥　問4③
問5④　問6①　問7②　問8④

コーヒーブレイク

看護医療系の仕事で求められる国語力

今やっている勉強と将来の仕事との関連を知っておくことは、勉強を続ける上でとても有意義です。誰だって「受験が終わればもういらない」という勉強はしたくないですよね。ですから、今やっている現代文の勉強が看護医療系の仕事にどのように関わってくるのかをお話しましょう。

「読むこと」

医療の現場にいると、新しい病気であったり、新しい治療法であったりと、常に新しい情報が入ってきます。そのときに説明会で話を聞いたり、資料を読んだりすることで、新しい知識と技術を身につけます。例えば、新型コロナウイルス感染症に関する情報は日々厚生労働省から資料が送られてきて、常にアップデートされます。資料を正確に読んで適切な対応をしなければ、患者の命にも関わりますよね。

「書くこと」

また、会議やミーティングでメモを取ったり議事録をとったりすることも必要になります。例えば、患者の昨日の様子などを申し送りすることがあります。このときに素早く情報をメモしておかないと、「昨日言ったことが伝わっていない」と患者さんから不信感を抱かれてしまいます。このようなことがないように、後からすぐに内容を思い出すためのメモが必要です。

「聞くこと」

看護医療系の現場で働くときには患者、医師、同僚の看護師などと、常にコミュニケーションを取り続けなければなりません。相手が気持ちよく情報共有できるように「聞く力」も必要になります。例えば、患者の言いたいことや心情を汲み取ることができれば、患者の望むケアを実践することができます。

「話すこと」

看護医療系の現場では話すこともとても重要です。相手の感情を損ねないような伝え方ができれば、円滑に看護を行うことができます。例えば、同じ「安静にしてください」という内容を伝えるにしても、「先生に言われているんだから、安静にしていてください」というのと、「〇〇さんの一刻も早い完治のために、安静にしていてください」というのとでは、患者が受け取る印象はまるで違います。

このように「読む」「書く」「聞く」「話す」というコミュニケーションの土台を作るのが、国語の勉強なのです。

国語の勉強は看護医療系の仕事を志すみなさんにとって、とても大切な勉強ですね。

それでは、入試本番まで頑張っていきましょう!

おわりに

看護医療系の職業を目指すみなさんへ

皆さんお疲れ様でした。現代文の勉強をよく頑張りましたね。難しい文章を読み、設問の要求に正しく答える現代文は、みなさんにとって大変なハードルだったと思います。それを乗り越えたみなさんは、おそらく「一日も早く看護医療系の職業に就きたい」「一人でも多くの悩める患者を救いたい」という一心だったのではないかと思います。

受験勉強というのは大変で、一年のばそうと思えばのばすこともできます。事実、浪人生という人もいるのですから。しかし、みなさんは今年で受験を終わらせる覚悟で臨んだと思います。僕もみなさんに早く看護医療系の職業に就いてもらいたくて、最短で力がつくようにこの本を書きました。

みなさんが一年受験を伸ばしてしまえば、救えるはずだった人を救えないということがあるかもしれません。逆にみなさんが早く受験を終えて大学へ行き、看護医療系の職業に就くことができれば、それだけ救われる人も増えていくのです。ですから、看護医療系の受験生はとても頑張って勉強します。僕も多くの看護医療系の受験生を見てきましたが、みんなものすごく真面目に勉強していました。

まして、新型コロナウィルス感染症により、現在の医療の世界は未曾有の危機を迎えている状況です。医療従事者はこの危機にあって間違いなく多くの人々を救うことができます。僕は心より尊敬しています。それは患者たちも同様でしょう。

このように「他者の人生に貢献する」ということがみなさんの力になるのです。そのような「メンタリティ」を持ってすれば、大変な受験も乗り越えることができるでしょう。ぜひ、受験を突破して、大勢の悩める人を救ってください。それがこの本を書いた僕の一番の願いです。

最後に、皆さんの大学合格と健康を心よりお祈りしております。

カバー　● 下野ツヨシ（ツヨシ＊グラフィックス）
本文デザイン、DTP ● 株式会社RUHIA

大学受験《だいがくじゅけん》シリーズ
完全《かんぜん》理《り》系《けい》専用《せんよう》
看護《かんご》医《い》療系《りょうけい》のための
現代文《げんだいぶん》解法《かいほう》テクニック

2021年8月14日　初版　第1刷発行

著　者　柳生《やぎゅう》 好之《よしゆき》
発行者　片岡 巌
発行所　株式会社技術評論社
東京都新宿区市谷左内町 21-13
電話　03-3513-6150 販売促進部
03-3267-2270 書籍編集部
印刷／製本 株式会社 加藤文明社

定価はカバーに表示してあります。

ISBN 978-4-297-12221-8 C7081
Printed in Japan

●本書に関する最新情報は、技術評論社ホームページ（https://gihyo.jp/）をご覧ください。
●本書へのご意見、ご感想は、以下の宛先へ書面にてお受けしております。電話でのお問い合わせにはお答えいたしかねますので、あらかじめご了承ください。

〒162-0846
東京都新宿区市谷左内町21-13
株式会社技術評論社　書籍編集部
『完全理系専用　看護医療系のための
現代文解法テクニック』係
FAX：03-3267-2271